SECRETARIAL PROCEDURES MENTORING

비서실무
멘토링

Preface

신입 비서직/사무관리직 진출을
꿈꾸는 이들을 위한 훈련교재

　본 서는 비서직으로 진출하려는 학생들과 또한 이들을 교육하는 비서교육자를 위한 책이다.
비서학 전공자들은 비서직에 대한 이해와 실무내용을 익힌 후에 비서직 또는 사무직으로 진출
하게 된다. 이때 교재로 배운 비서학 및 비서실무이론만 가지고 현장에 투입하기에는 무리가 있을
수 있으며, 또한 기존의 비서사례교재는 이미 현장으로 진출한 후에 필요한 책으로 볼 수 있다.

　그렇다면,

　　"비서직 진출을 위한 모의 사무환경에서 배울 수 있는 비서훈련 교재는 없을까?
　　특히 선임비서와 함께 멘토링 비서훈련을 할 수는 없을까?"

　저자는 비서학과 학생을 교육하면서 비서실무이론을 배운 후 비서사례연구를 공부하기 전에
비서직 진출을 위한 징검다리같은 교재가 필요하다고 생각했다. 기밀유지를 생명으로 하는 비서
업무 성격상 현장학습이 불가능하기에 비서교육에 필요한 이론을 습득한 후 실제 비서업무로 나가기 전에
현장실습과 같은 초보신입비서에게 필요한 훈련교재가 필요하다고 생각한다.

　본 교재는 비서학 및 비서실무의 기본이론을 습득한 후, 비서직 진출하기 전에 모의 사무현장
상황에서 선임비서와 함께 실제 비서실상황을 이해할 수 있도록 준비하였다. 즉 신입비서 주인공을
내세워 가상의 회사를 선정하고 선임비서와 비서훈련을 함께 할 수 있도록 구성하였다. 이 책 역시 핵심이론
정리와 사례연구로 이루어져 있으며, 바로 실습을 하고 확인할 수 있도록 구성되어있기에,
교수자/학습자 모두 현장실습처럼 수행할 수 있다는 점이 장점이다. 또한 본 서를 연습한 후에,
이어서 "비서커뮤니케이션 실습"을 연속적으로 훈련한다면, 경력 1-2년을 경험한 효과를 볼 수 있을
것이다. 부디 신나는 초보비서 일상이 되길 바란다.

2022년 1월
저자 정성휘

Contents

비서실무 멘토링

"비서실무 멘토링" 활용을 위한 가이드

"비서실무 멘토링"에서는 비서로 취업한 신입비서 사례를 중심으로 비서실무 훈련을 실시하고자 한다. 본 서에서는 가상의 회사 〈그랜드 인터내셔널〉에서 근무하는 신입 비서인 주인공을 등장시켜 주인공의 업무일지를 중심으로 비서가 겪을 수 있는 상황과 업무 내용을 실습하도록 하였다.

본 장은 비서의 입사 첫 날부터 시작하여 조직구조 익히기, 비서의 출퇴근 업무, 직무 분석과 업무일지, 업무 계획 및 관리, 예약업무, 손님응대 업무, 상사 일정관리 업무까지 훈련할 수 있도록 구성되었으며 각 단원별 구성은 다음과 같다.

〈각 단원의 구성〉

업 무 일 지 : 단원의 주제에 따른 업무 내용과 해야 할 일들 확인

다 이 어 리 : 주인공의 일기
(잘한 점, 잘못한 점 등 느낀 점을 바탕으로 한 성찰일지)

본　　　　문 : 단원별 중요 포인트 학습

팀별 혹은 개인별로 풀어 나갈 수 있는 다양한 연구문제 수록

비서의 현장 이야기 : 초보비서의 질문을 비서실장이 답변하는 형식

선임비서들의 노하우를 배워 나갈 수 있음!

오늘 배운 내용 정리 : 학습 포인트를 한번 더 정리

단원을 완벽히 마무리 할 수 있도록 구성

그랜드 인터내셔널 회사 소개

▩ 업종　　　　　　　　: 의류, 구두 및 장신구의 제조 및 도소매업
▩ 본사　　　　　　　　: (135-101) 서울시 강남구 청담동 100 그랜드 인터내셔널 빌딩
▩ Tel　　　　　　　　 : 02) 870-2352 / Fax : 02) 870-2521 / www.gi.co.kr
▩ 해외지사　　　　　　: 미국 뉴욕
▩ 공장　　　　　　　　: 중국 청도
▩ 종업원(서울 본사 기준) : 200명
▩ 순 매출액　　　　　　: 30억
▩ 대표적 브랜드　　　　: She's STAR, HERS 등

〈서울 본사 조직도 및 조직도 상 주인공의 위치〉

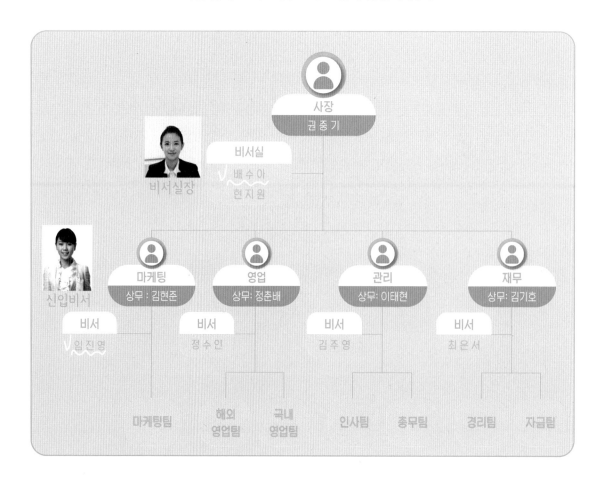

등장인물

대한대학 비서과를 수석 졸업한 후 그랜드인터내셔널 사장
비서로 입사!

그 뒤로 사장님의 신임을 얻으며 지금의 비서실장 자리에
이르렀다. 현재는 비서일 뿐만 아니라 신입 비서들의 교육까지
담당하고 있다.

신입사원 임진영 비서의 까마득한 대학선배님이기도 한
그녀! 사람들은 그녀를 완벽 주의자라고 말한다.

★ 이름: 배수아
★ 직급: 비서실장(사장 비서)

그랜드 인터내셔널에 바로 입사한 초보비서 대한대학 비서과
출신. 아직 대학생 티도 벗지 못하고 매일 매일 실수 연발이다.
비서과에서 2년 동안 배우고 졸업했지만 회사에 오니 모든
것이 낯설고 어렵기만 하다. 게다가 같은 학교 대선배이자
신입비서 교육을 맡고 있는 배수아 실장은 왜 이렇게 무섭고
한번 웃어주지를 않는지...

OJT 기간 동안 새내기 임진영 비서가 과연 배수아 실장의
혹독한 훈련 아래 살아남을 수 있을까...?

★ 이름: 임진영
★ 직급: 김현준 상무 신입비서

Chapter

01

입사 첫날
(인사와 사무기기 이해)

JY's 업무일지

○○○○년 ○○월 ○○일

시 간		업무내용	비 고	확인
오 전	08:30	첫 출근		∨
	09:00	첫 인사 나누기		∨
	10:30	OJT with 배수아 실장		∨
오 후	12:00	점심 팀 회식	보리수 한정식	∨
	15:00	한형 물산 / 김태준 전무 내방		∨
	18:30	퇴근		

오늘 해야 할 일		방문객 스케줄			비고
할 일	확인	시각	방문객명	확인	
부서원들과 첫 인사		15:00	한형 물산 / 김태준 전무	∨	
사무기기 익히기					

⏱ 입사 첫 날의 미션

✔ 나의 소속팀과 업무 알기

✔ 인사하기

✔ 소개하기

✔ 사무기기 익히기

JY's 다이어리: 입사 첫날

○○○○년 ○○월 ○○일

 제목 ●● 입사 첫 날(인사나누기와 사무기기 기능 익히기)

오늘 드디어 첫 출근!

어제 밤부터 내일 회사에 가서 잘 할 수 있을지 너무 걱정이 되어서 잠도 잘 오지 않았다. 잠을 설치다 새벽녘에야 잠이 들었는데 6시 일어난다는 것이 그만 7시에 일어나고 말았다. 화장도 제대로 하지도 못하고 아침밥도 못 먹고 옷만 허둥지둥 챙겨 입고 회사로 갔다. 입사 첫 날 엄청 예쁘게 하고 가려고 했는데 다 망했다. 간신히 지각은 하지 않았지만, 계획대로 된 것이 없어서 속상했다.

상무님께서는 친절히 대해 주시며 앞으로 잘 부탁한다고 말씀해 주셨다. 좋으신 분 같다. ^^ 하지만, 이번 한달 동안은 신입사원 교육기간으로 배수아 비서실장님께 많이 배워야 한다고 하셨다. 배수아 실장님은 대학선배님이기도 한데 보는 것만으로도 포스가 철철 넘치는 분이다. 차갑고 얼음공주님 같으시다. 휴. 우리 회사에 입사하신지 거의 10년 되셨다고 한다. 사장님 비서인데 정말 어찌나 무서운지... 오늘도 종일 눈치만 보았다. 학교 선배님이기도 한데... 하지만 전혀 가까워 질 수 없는 분만 같았다.

오늘은 부서 분들을 만나서 인사를 나누고, 사무기기에 대해서 배웠는데 하루가 어떻게 갔는지 기억도 나지 않는다. 인사할 때도 너무 떨려서 버벅거리고... 이럴 줄 알았으면 인사말 연습이나 좀 해둘걸. 아... 내일은 또 어떤 일들이 벌어질까. 지각하면 안되니까 일찍 잠이나 자야겠다.

POINT !

첫 출근 시
• 나의 소속팀과 업무를 파악하고,
• 장소와 상황에 맞는 인사하기와 자기소개 하기,
• 그리고 사무실에서 사용하는 사무기기의 종류와 사용법에 대해 학습하도록 한다!

Chapter

01

입사 첫날
(인사와 사무기기 이해)

학습
목표
입사 첫 날 상사와 동료들을 만나서 인사와 소개를 하는 방법과 앞으로 사용할 사무기기를
이해하고 설명해 보자.

01

소속팀과
업무

그랜드인터내셔널은 마케팅팀 팀비서를 채용하기 위해 총 6명의 후보자를 인터뷰하였다. 치열한 경쟁을 뚫고 김현준 상무님의 비서로 임진영씨를 채용하였다. 팀의 구성은 상무님 아래 Alex Bishop 팀장님이 계시고, 그 아래로 신입사원 비서를 포함하여 총 7명의 팀원이 일하고 있다.

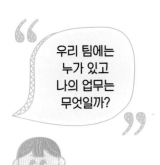

우리 팀에는
누가 있고
나의 업무는
무엇일까?

나는 마케팅팀 팀비서로
일차적으로는 김현준 상무님의
비서 역할을 하고
이차적으로는 팀업무를
지원한다.

신입 팀비서 임진영

마케팅
김현준 상무

팀장 : Alex Bishop

과장 : 김병구
대리 : 이수영
사원 : 박승기
사원 : 엄남연
사원 : 박수정
사원 : 권오훈

01   입사 첫 날 비서의 마음가짐은 어때야 할까? 자신이 임진영 비서가 되었다고 생각하고 입사 첫 날의 마음가짐에 대해 서술해 보자.

02   임진영씨의 팀에 대해 파악한 점들을 서술해 보자. 그리고 임진영씨가 부서에서 하게 될 업무에는 어떤 것들이 있을지 생각해서 적어보자.

03   팀비서로서 갖추어야 할 기본적인 능력과 자질들. 그리고 임진영 비서처럼 같은 팀에 외국인이 있을 경우 비서로서 미리 갖추어야 할 능력에는 어떤 것들이 있을지 생각해 보자.

02
인사하기

MISSION 인사할 때 지켜야 할 예절을 알고 상황에 맞는 인사를 할 수 있다.

인사는 인간관계의 첫 걸음!

회사의 여러 장소에서 마주친 사람들에게 어떤 인사를 해야 할까?

인사는 자신의 첫 인상을 긍정적으로 각인시키는데 매우 중요한 요소 중 하나로, 형식적인 인사가 아닌 진심에서 우러나는 인사를 때와 장소에 맞게 할 수 있도록 습관화해야 한다.

1 인사방법

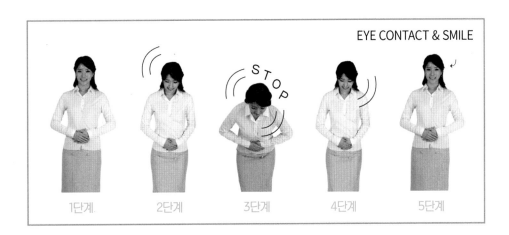

EYE CONTACT & SMILE

1단계   2단계   3단계   4단계   5단계

- 1단계   인사할 상대의 눈을 바라보며 미소 짓기
- 2단계   머리만 숙이지 말고 목과 허리가 일직선이 되도록 상체 숙이기
- 3단계   잠시 정지(1초간)
- 4단계   굽힐 때 보다 천천히 상체 들어올리기
- 5단계   상체를 들어 올리고 똑바로 선 후, 상대의 눈을 바라보며 미소 짓기

2 인사종류

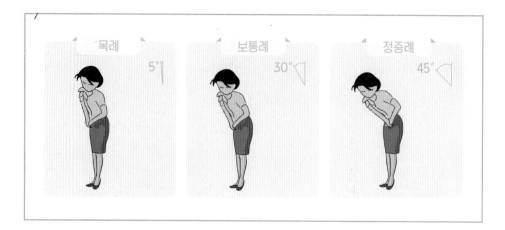

▶ **목례**(가벼운 인사, 5°)

· 상사를 두 번 이상 복도에서 만날 때
· 복도를 지나며 동료를 만났을 경우
· 계단이나 엘리베이터 등의 좁은 공간에서
· 타부서 상사나 손님과 스쳐 지나갈 경우

▶ **보통례**(보통인사, 30°)

· 직장 생활에서 가장 자주 하는 인사
· 상사 외출 때나 귀가 때
· 손님을 맞이할 때
· 사회활동에서 보편적으로
  처음 인사를 나눌 때

▶ **정중례**(정중한 인사, 45°)

· 손님을 배웅할 때
· 감사 또는 사과를 드릴 때
· 직위가 높거나 저명한 인사를 만났을 때
· 공식 석상에서 처음 인사를 할 때
· 면접 시 인사할 때

인사를 할 때에는 남성의 경우 양손을 바지선 옆에 가볍게 두고, 여성은 공수자세(오른손을 왼손 위에 가볍게 포개어 두는 것)를 취하는 것이 좋다.
예의를 차린다고 몸을 90도 이상 숙여 인사를 하거나, 상대와 눈을 마주치기 위해 구부정한 자세로 상대방의 눈을 응시하며 상체를 숙이면, 인사를 하다가 만 인상을 주기 때문에 이런 자세는 피하도록 한다!

3 인사말

▶ **인사하며 본인을 소개할 때 할 수 있는 인사말들**

- "안녕하십니까? 임진영입니다."(○)
- "안녕하세요? 처음 뵙겠습니다. 임진영이라고 합니다."(○)
- "안녕하십니까? 제 이름은 임자 진자 영자입니다."(×)

요즘은 자기 PR시대로 자기소개시 자기 만의 구호를 만들어 사용하는 경우도 많다. 이 때 구호 역시 센스 있게 만들어 사용할 줄 안다면 신세대 비서답다는 이야기를 들을 수 있을 것이다.

▶ **친근감을 더해 주는 인사말들**

- "안녕하십니까?" + 외모 칭찬(오늘 따라 더 예뻐보이시네요)
- "안녕하십니까?" + 날씨와 관계된 이야기(오늘 날씨가 참 좋네요)
- "안녕하십니까?" + 상대의 소지품과 관계된 이야기
  (넥타이 참 잘 어울리시네요)
- "안녕하십니까?" + 상대의 인상
  (지난번 뵈었을 때 보다 훨씬 좋아 보이시는데요?)

인사는 상황에 맞게 하는 것이 중요

04 본인이 임진영 비서라고 생각하고 입사 첫 날 공식적인 석상에서 나를 소개하는 첫 인사는 어떤 문구로 하는게 좋을지 생각해서 적어보자.

05 배수아 실장은 임진영 비서를 데리고 소속팀인 마케팅팀으로 갔다. 이때 임비서가 김현준 상무, Alex Bishop팀장, 그리고 김병구 과장을 비롯한 이수영 대리, 박승철 사원 및 다른 사원들에게 첫 인사 시 할 수 있는 인사말은 조금씩 다를 것이다. 상대방에 따른 인사말을 생각하여 적어보자. (Alex Bishop팀장은 한국에 온지 얼마 되지 않아 한국말이 매우 서툴러 다른 이들과는 전부 영어로 대화를 하고 있는 실정이다.)

• 김현준 상무께:

• Alex Bishop 팀장께:

• 김병구 과장 이하 이수영 대리 그리고 다른 사원들께:

03
소개하기

MISSION 바람직한 소개방법에 대해 알아보자.

소개에도 순서가 있었는데…
아… 수업시간에 배운게 기억나지 않아…

▶ 소개할 때

- 하급자를 상급자에게
- 연하자를 연장자에게
- 남성을 여성에게
- 가족을 외부인에게
- 내부직원을 방문객에게 먼저 소개 시키도록 한다.

✅ Check!

먼저 소개 받는 이들

… 상급자   … 연장자   … 여성   … 외부인   … 방문객

이들은 모두 우선시 되어야 하는 사람들임을 기억하면 쉽게 외울 수 있다!

▶ 주의할 점

- 남성이 연장자이거나 직위가 여성보다 높을 때에는 여성부터 소개
- 나이가 젊더라도 직급이 높을 경우에는 사회적 지위가 높은 쪽에 비중을 두어 소개
- 한 사람을 다수에게 소개할 때는 한 사람을 다수에게 소개하고 그 후 각각을 소개
- 단체를 소개할 때는 한 쪽 단체를 모두 소개한 후 다른 쪽 단체를 소개
- 연령이나 직급이 같을 때는 소개자로부터 가까운 사람부터 소개

06 배수아 실장이 임진영씨를 데리고 관리팀으로 갔을 때, 이태현 상무님 비롯한 모든 팀원들은 회의실에 모여 회의를 하고 있었다. 이 경우 배수아 실장이 임진영씨를 소개 시키는 바람직한 순서에 대해 생각해보고 그렇게 생각한 이유를 함께 적어 보자.

악수 예절

악수를 할 때 손 내미는 순서는

• 손 윗 사람이 손 아랫 사람에게,
• 선배가 후배에게,
• 여성이 남성에게,
• 상급자가 하급자에게,
• 손을 내밀며 청하는 것이 예의.

흔히 친근감을 표현하기 위해 두 손으로 악수하는 경우가 있는데 이는 잘못된 악수 방법이기 때문에 특히 외국인에게는 하지 않는 것이 좋다.

04

사무기기의 이해

이번에는
사무기기를 배울
차례이다.
어떤 기기들이
있을까?

MISSION

사무실에서 많이 사용하는 사무기기에 대해 알아보자.

오늘날 사무환경은 사무기기와 인터넷 기술의 발전으로 인해 급속도로 변화하고 있으며 비서는 효율적인 업무의 처리를 위하여 자주 사용하는 사무기기의 사용법을 숙지하고 신속히 다룰 수 있는 능력을 겸비해야 한다.

1 키폰

· 키폰이란 통신회사에서 부여받은 국선 전화번호로 걸려오는 통화신호를 받아들여 내부에서 부여한 고유 내선번호로 전화해 주는 장치를 말한다.
· 키폰 시스템과 단말기를 이용하여 통화전환, 보류, 당겨받기, 내선통화 등 여러가지 용도로 활용할 수 있다.
· 전화연결이 주업무인 비서에게 키폰은 가장 중요한 사무기기 중 하나이며 사용법은 모델마다 다르므로 입사 첫 날부터 완벽히 사용법을 숙지하도록 한다.

2 복사기

· 예전에는 복사기가 문서나 사진 등 각종 자료나 도서를 복사하는 데만 쓰이는 기계였으나 요즘은 복사 뿐만 아니라 분류, 제본까지 다 해주는 다기능 복사기도 등장했다.
· 이에 더불어 스캐너 및 팩스 송신의 기능까지 더해진 모델까지 있다.
· 복사기를 이용할 시에는 원본 기밀 서류를 복사기 커버 밑에 두고 가져오지 않는 실수를 범하지 않도록 조심해야 한다.

3 스캐너

이미지를 디지털화하기 위한 장치로 내장된 이미지 센서로 사진, 그림, 일러스트 등의 이미지를 읽어 들여 컴퓨터용 파일로 만드는 장치를 일컫는다.

파일로 존재하지 않고 paper로 존재하는 문서를 파일로 변화시켜 정보의 저장과 유통이 더욱 편리하게 해 주고 있다.

4 팩시밀리

문자, 도표, 사진 따위의 정지화면을 전기신호로 바꾸어 전송하고, 수신지점에서 수신기록을 얻는 통신 방법을 말한다.

요즘에는 팩시밀리 기능 뿐만 아니라 프린터, 스캐너, 복사기 등의 기능이 포함된 것이 많다.

팩스 사용시에도 기밀문서의 취급에 세심한 주의가 필요하다.

5 스마트폰

휴대폰에 컴퓨터 기능을 추가한 기기로, 휴대전화의 기능 뿐만 아니라 인터넷에 접속하여 이메일, 온라인 뱅킹, 각종 게임 등의 기능도 수행할 수 있는 기기 이다.

유용한 application을 다운 받아 상사의 업무를 돕고 비서의 업무 처리에도 효과적으로 사용할 수 있다.

Tip!

• 선임비서로부터 사무기기 사용법을 전수 받을 때 비서수첩에 잘 적기
• 사무기기 사용법을 다 배운 후에는 매뉴얼을 만들어 둔다.

팀과제

07 임진영 비서가 상사인 김현준 상무를 위해 스마트폰에서 다운받아 업무를 위해 사용할 어플리케이션에는 어떤 것들이 있을까? 팀원들과 함께 10가지 정도의 어플리케이션을 조사해 보고 선정한 이유를 자세히 기록해 보자.

08 배수아 실장은 임진영씨에게 김현준 상무님이 골프를 즐겨 치신다고 귀띔해 주었다. 사모님과도 골프를 즐겨 치시고 비즈니스차 거래선과의 미팅도 주말에는 골프장에서 갖는 경우가 많이 있다고 한다. 비서의 업무 중 빼놓을 수 없는 업무가 골프 부킹이라고 하는데 이게 여간 어려운 일이 아니라고 한다. 학교 다닐 때 수업 시간에 교수님께서 골프 부킹 전화기가 있다고 말씀해 주신 것이 생각나서 이를 조사해 보려고 한다. 골프 부킹 전화기가 무엇인지, 가격대는 어떤 지 인터넷을 통해 조사해 보도록 하자.

09 그 밖에 임진영씨가 근무하면서 필요한 사무기기에는 무엇이 있을지 생각해 보도록 하자.

배수아 실장의
현장이야기 ❶

Question

실장님의 입사 첫날이 궁금합니다.

Answer

오늘 임진영씨가 처음으로 출근을 하여 허둥거리는 모습을 보니 예전 제 모습을 보는 것 같더라구요. 하지만, 처음부터 잘 해 주면 회사 생활을 쉽게 생각하게 될까 걱정되어 일부러 차갑게 대하는 거랍니다.

저도 출근하기 전 날 잠을 거의 못 잤던 걸로 기억해요. 너무 떨리고 무서워서 뜬 눈으로 지샜었죠. 그리고 다음날 일찍 일어나서 회사를 가는데 여러 가지 감정이 교차 하더라구요. 학교로 다시 돌아가고 싶고, 친구들, 교수님들 생각도 많이 나고… 여러분도, 지금 학교 다니시면서 과제도 많고 힘든 일도 많겠지만, 그래도 학교 다닐 때가 가장 좋은 때라는 것 꼭 기억해 두셨으면 좋겠네요. 많은 과제들이 결국 저의 실력이 되더군요.

회사에 가자마자 여러 분들을 만나고 인사드리고 이름을 빨리 외워야 하는데 솔직히 너무 긴장 돼서 이름도 얼굴도 잘 기억이 나질 않더라구요. 그리고 업무를 알려주던 선배님도 너무 무서웠던 분이라서 하나라도 틀리거나 실수할까봐 초긴장한 상태로 가르쳐 주시는걸 배웠습니다. 그리고 제가 관리할 상사실, 비서실, 회의실 뿐 아니라, 사용할 사무기기의 이름과 기능, 사용법은 바로 익혀야 합니다. 모든 것을 매뉴얼로 만들어 놓고 사용하는 것 잊지 마세요.

점심시간이 되어서 식당에 부서원들과 함께 갔는데 솔직히 하나도 먹고 싶지 않았습니다. 그냥 빨리 집에 가고 싶다는 생각만 한 것 같아요. ^^

입사 첫 날은 누구라도 긴장되고 정신이 없는 날입니다. 하지만 반드시 거쳐 가야 하는 날이라면 그 또한 마음 단단히 먹고 씩씩하게 부딪혀 보면 어떨까요? 먼저, 나를 소개할 때 멋지게 기억될 수 있는 자기 PR구호부터 생각해 보세요. ^^ 여러분의 다가 올 입사 첫 날! 제가 응원 합니다. ^^

오늘 배운 내용 정리

🖊 인사의 종류를 3가지로 나누어 각각을 정리해 보자.

🖊 먼저 인사 받는 분들은 누가 있었는지 생각해서 정리해 보자.

🖊 악수를 할 때 손 내미는 순서에 대해서도 정리해 보자.

비서실무 멘토링

Chapter

02

조직구조 익히기와
상사정보관리

JY's 업무일지

○○○○년 ○○월 ○○일

시 간		업무내용	비 고	확인
오전	09 : 00	상무님 사장님 보고		V
	10 : 30	OJT with 배수아 실장(조직도 파악)		V
	11 : 30	상무님 오찬(with 진재영 팀장)	프라자 중식당(태원)	V
오후	14 : 30	중역회의	소회의실	V
	17 : 00	상무님 외부회의	코엑스 2F(다이아몬드홀)	V

오늘 해야 할 일		방문객 스케줄				비고
할 일	확인	시각	방문객명		확인	
조직도 파악하기	△					
부서명 / 직함명 영문명칭 외우기	△					
프라자 호텔 예약 확인하기	V					
외부 회의자료 인쇄하기	V					

⏱ 오늘의 미션

✓ 조직도가 무엇인지 알기

✓ 조직도 상에서 비서의 위치
파악하기

✓ 부서명과 직함을 영어로 알기

✓ 상사 정보관리 하기

JY's 다이어리

○○○○년 ○○월 ○○일

 제 목 ●● 키폰 연결 실수와 조직도 파악

상무님께 처음으로 혼이 났다.

아직 키폰 사용법을 익히지 못해서 전화 연결을 제대로 하지 못하고 전화 연결 중에 전화를 두 번이나 끊기게 한 것이다.

휴... 옆에서 업무를 가르쳐 주시던 배수아 실장님께서 세 번째 전화가 걸려오자 받으셔서 사과드리고 상무님께 전화를 연결해 주셨다. 통화를 마치시고 나오신 상무님께서는 아직 전화 연결 하는 것도 배우지 못한거냐며 매우 화를 내셨다. 상무님께 뿐만 아니라 배수아 실장님께도 죄송해서 고개를 들 수가 없었다... 바보같이 전화도 제대로 연결하지 못하다니... 다행히 상무님께서 외출 하신 중에 여러 차례 실장님과 키폰 사용법을 연습해 보았다. 배실장님은 엄청 얼음공주 같은 분인 줄 알았는데, 좋으신 분 같았다.

오늘 가장 중요한 업무 중 하나는 조직도 파악이었다. 실장님께서 우리 회사 조직도를 주시며 일주일 안에 적혀져 있는 이름을 다 외우라고 하셨는데 휴... 이걸 다 내가 외울 수 있을까? 걱정이 앞서지만 무조건 외울 것이다!

시작도 하기전에 안된다는 생각은 금물! 아자 아자, 난 할 수 있다!!!

◀ POINT ❗

• 조직도가 무엇인지 개념을 파악하고,
• 조직도 상에서의 비서의 위치를 파악!
• 그리고 외국인 손님 응대와 전화 응대를 위한 영문 부서명과 직함명을 학습 하도록 한다!
• 상사 정보관리 내용을 이해하자!

02

조직구조 익히기와
상사정보관리

 학습
목표

실제 조직의 조직도를 이해하고 부서와 직함에 대해 알아보자.

01

///////////////////

조직도란?

MISSION 조직도에 대해 알아보자

조직도란 무엇이 고 조직도를 통 해 알 수 있는 점 들은 무엇일까?

▶ 조직도(organization chart)란?

복잡한 조직의 구조를 알기 쉽게 그림으로 표현한 것이다.

🖉 롯데건설(www.lottecon.co.kr)

* 출처: 롯데건설 홈페이지

ㄴ 한국은행(www.bok.or.kr)

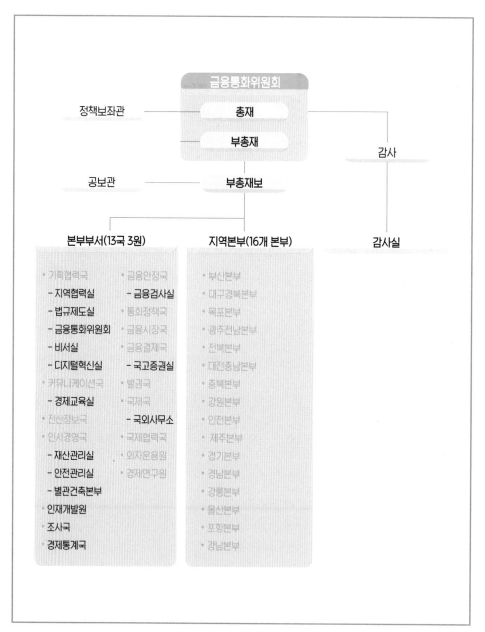

* 출처: 한국은행 홈페이지

각 회사의 조직도를 보면서 영문약어의 뜻을 익히도록 하자
예 CS → Customer Service
TFT → Task Force Team

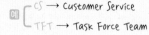

▶ **조직도를 통해 알 수 있는 것**

• 조직구조를 쉽게 파악할 수 있음
• 직무와 직위 간의 기본적 관계를 표시하고 있음
• 권한과 명령의 체계
• 의사 전달 계통
• 업무 및 서류의 흐름
• 승진 체계
• 조직의 사업 성격을 한눈에 파악
• 업무의 배분과 부서 간의 관계 파악

Check!

• 조직의 복잡한 활동 상황을 완벽히는 묘사할 수 없으며
• 해당 일을 수행하는 핵심이 되는 인물에 대해서 명확한 설명을 할 수는 없다는 것

팀과제

01 앞의 신세계건설의 조직도를 살펴보면, 대표이사 아래 인사, 경리, 공사담당, 영업담당, 기술담당 등의 주요 부서를 두고 있는 것을 확인할 수 있다. 그보다 다소 복잡해 보이는 한화 Hotels & Resorts의 조직도를 보고 파악할 수 있는 점들을 팀원들끼리 이야기 해 보고 상세히 적어보도록 하자.

Tip!

기업 내부에서 사용하는 조직도는 외부에 공개하는 조직도 보다 훨씬 상세히 표기되며, 한 회사에서도 여러 개의 조직도가 존재한다. 부서장의 이름이라든지, 팀원의 이름이 상세히 기록된 조직도가 기업내부에서는 사용되기 때문에 초보 비서는 회사에 입사하여 반드시 조직도를 외워 업무 흐름을 신속히 파악해야 한다.

02
조직도 상에서 비서의 위치

 MISSION 조직도 상에서 비서의 위치에 대해 알아보자

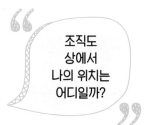

조직도 상에서 나의 위치는 어디일까?

　조직에서 비서의 위치는 회사마다 다르다. 우리나라의 경우 일반적으로 최고경영자의 비서는 사장실, 비서실, 부속실, 임원실 등에 위치하기도 하고, 총무부, 인사부 등의 부서(또는 팀)에 속해 있는 경우가 많다. 한편 부서장의 비서는 상사와 같은 부서에서 근무하며 상사를 보좌하고 그 부서원들의 업무를 지원하는 경우로 일반적으로 팀비서로 불린다.

📝 그랜드 인터내셔널 조직도 상의 비서의 위치

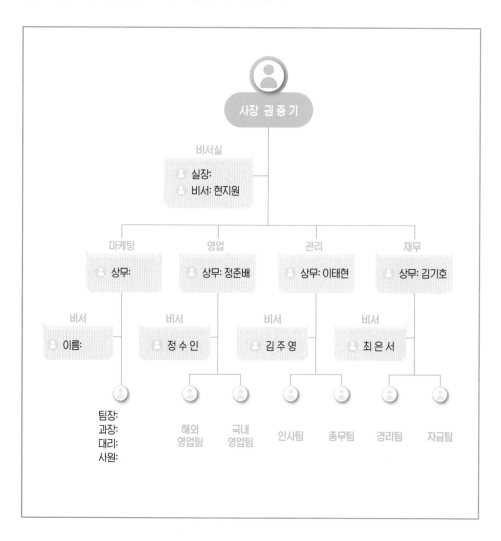

팀과제

02

1) 임진영비서가 근무하는 그랜드인터내셔널의 조직도에 임진영씨의 이름은 어디에 기재해야 하는가? 그리고 임진영비서가 속한 마케팅팀에서 근무하는 이들의 이름을 파악하여 적어보자. 임진영 비서를 교육시키고 있는 배수아 실장의 이름도 기재해 보자.

2) 그랜드인터내셔널의 조직도를 파악하여 알 수 있는 점들을 상세히 적어보자.

3) 팀원들끼리 가상의 회사를 만들어 그 회사의 조직도를 상세히 그려보도록 하자.

팀과제

03

다음 금호폴리켐이라는 회사의 실제 조직도를 보고 두명씩 짝지어 한 사람이 설명을 하고 한 사람은 설명을 들으며 조직도를 그려보자.

✎ 금호폴리켐 조직도(출처: http://www.kumhopolychem.co.kr/)

03

영문 부서명과
직함

부서명과
직함을
영어로?

  부서명과 직함을 영어로 알아보자

이제는 외국인과 함께 근무하고 외국손님의 전화응대와 방문객 접대가 자연스러운 일이 되었다. 영문 부서명과 직함명을 암기하여 외국인 손님 응대에 대비하도록 하자.

직함	영문명칭
회장	Chairman(of the Board)
부회장	Vice Chairman
최고 경영자	CEO(Chief Executive Officer)
사장	President
부사장	Vice President
전무	Senior Managing Director
상무	Managing Director
이사	Director
관리 담당 임원	CAO(Chief Administrative Officer)
개발 담당 임원	CDO(Chief Development Officer)
정보통신 담당 임원	CIO(Chief Information Officer)
지식경영 담당 임원	CKO(Chief Knowledge Officer)
기술 담당 임원	CTO(Chief Technology Officer)
재무 담당 임원	CFO(Chief Financial Officer)
부장	Manager
차장	Deputy Manager
과장	Section Chief
대리	Assistant Manager
감사	Auditor

부서명	영문부서명
사장실	President's Office
비서실	Secretarial Department
-국	- Bureau
-부	- Department, Division
-과	- Section
총무부	General Affairs Department / Administrative Division
재무부	Finance Department
회계부, 경리부	Accounting Department
영업부	Sales Department
인사부	Personnel Department Human Resource Development Department
구매부	Purchasing Department
마케팅부	Marketing Department
생산부, 제조부	Production Department
홍보부	Public Relations Department
광고부	Public Advertising Department
기획조정실	Planning Coordination Department
연구개발부	Research & Development Department
해외사업부	Overseas Enterprise Department
전산실	Electronic Data Processing Department
본사	Headquarter, Head Office
지점	Branch Office

Tip!

* 직함과 부서의 영문명은 반드시 외워두자

04
상사정보관리

MISSION 비서에게 필요한 상사의 정보는 무엇이며 어떻게 관리
할지 알아보자

▶ **비서는 상사의 정보관리를 왜 하는 걸까?**

· "비서의 업무 = 상사의 업무보좌"
· 비서는 상사의 업무를 잘 보좌하기 위해서 상사의 업무에 대한 정보가 필요
하며 상사정보를 관리할 필요가 있다.
· 비서가 관리해야 할 상사의 정보관리 대상은 (A) 상사 신상정보관리
(B) 상사 네트워크 정보관리

▶ **상사의 정보관리는 무엇이 있을까?**

1 상사의 업무에 대한 정보

상사의 회사업무, 관련된 부서 및 인사, 대내외 업무관련 인사, 상사업무스타일

2 상사의 인적사항에 대한 정보(주의 필요 상사에 따라 다름)

· 사번, 주민번호, 운전면허증, 신용카드번호와 만기일, 은행거래통장번호,
카드번호
· 여권번호, 비자만기일, 항공사 및 회원번호 각종 마일리지 현황
· 가족사항, 생년월일
· 병원진료카드, 회원권 회원번호 및 만기일
· 동창회, 각종단체의 회원번호, 회비납부현황, 조직외부 직함 등

3 상사의 경력에 관한 정보

- 상사의 이력, 경력 소속기관의 직위, 활동내역, 수상내역
- 대내외 적으로 공개하거나 제출할 경우가 있음
- 대외용 프로필 작성 및 관리(인물 DB용)
- 인물 데이터베이스 제공되는 포털사이트나 언론사 사이트 수정 갱신

4 상사의 건강에 관한 정보

- 상사의 정기검진 예약 및 관련 업무
- 식사 예약 시 주의 점(알레르기나 지병, 금지 음식)
- 건강정보, 주기적인 복용약, 병원예약

Tip!

- 상사에 따라서 비서에게 공개하는 정보의 범위는 모두 다르므로, 각 조직의 성격과 상사에게 맞추도록 한다
- 외부의 DB나 신문사에 인물 정보 제공할 때 반드시 상사와 의논해서 어느 정도까지 정보를 제공할지 결정해야 한다.
- 상사의 신상카드 내용은 수시로 정보를 확인하고, 갱신해야 한다.
- 개인 정보보호는 매우 중요하므로 항상 기밀로 다뤄야 하며 상사에 따라 비서에게 정보를 제공 안 하는 경우에는 이에 따른다.

 기밀유지

상사 신상 카드 1

성　　　명 : 한글　　　　　　　　한자　　　　　　　영문

주　　　소 :　　　　　　　　　　　　　　　　　　(TEL　　　　　)

본　　　적 :　　　　　　　　　　　　　　　　　　(본관　　　　　)

주민등록번호 :

생 년 월 일 :　　　　　　　　　　　　　　　　　(음력 양력　　　)

사 원 번 호 :

여 권 번 호 :　　　　　　　　　　　　　　　　　(유효일　　　　　)

자 동 차 : 종류　　　　　　　　NO.

취　　　미 :

가 족 사 항 :

은 행 구 좌 :

카 드 넘 버 : 법인/개인 구별

학　　　력 : _____고교(○○회), _____대학(졸업년도), _____대학원

경　　　력 :

수 상 경 력 :

기　　　타 : 상기 항목 外에

　　　　　　　- 持病 및 금기식품

　　　　　　　- 좋거나 싫어하는 음식

　　　　　　　- 선호 Color

　　　　　　　- 음악

　　　　　　　- 자주 이용하는 음식점

　　　　　　　- 기호 식품 등등

작성날짜 ____년 ____월 ____일

 Tip!

• 작성 날짜를 반드시 기입하여, 수정, 보완,
　갱신의 중요성을 잊지 말자
• 상사에 따라 정보를 비서에게 제공하지
　않을 수 있으며 이에 따른다.

▷ 상사의 네트워크 정보관리는 무엇이 있을까?

1 상사의 인적 네트워크 관리시 유의점

효과적인 보좌업무관리를 위해서는 상사의 주변 인사에 대한 명단 필요

명함, 동창주소록, 인물 정보 사이트를 활용한 데이터베이스 생성

정확성과 기밀성을 동시에 유지

2 상사의 인적네트워크에 대한 정보

상사와 업무와 관련된 주요인사에 대한 정보를 수집

조직 내 인사의 정보, 상사와의 관계

외부인사의 정보

상사의 모임관리

동창, 학연, 혈연, 각종단체 인사

3 상사의 사내 인적네트워크 정보

사내 인간관계에 관련된 정보수집 ┌ 상사 및 선임비서를 통해서
                                └ 업무수행 중 관계 인지를 통해서

사내관계 표를 작성

업무수행 중 선호하는 음료 파악

철저히 업무수행에 도움이 되는 자료로만 활용

김철수 전무님(마케팅)		
사내 관계		**기타**
관련부서 사람들	영업 1팀, 2팀 직원들 (김팀장님, 전팀장님)	
아침에 차 드시는 분	홍전무님, 최전무님, 윤실장님	약속 없으실 때는 영업팀장님께
아무 때나 바로 입실 가능	사장님, 부사장님, 김전무님	
반드시 확인해야 입실 가능	대부분 회사분들	
점심 동료 분	홍전무님, 최전무님	
아침 차	결명차, 커피	
점심 차	커피	하루 3잔 금지
오후	쌍화차 및 간식	
6시 이후	물만 드심	
출근 시	약속일정 새로 드림	
퇴근 시	밀린 결재 올림	
약속 있으실 때	윤 기사님께 미리 약도와 일정 알림	3~4일전 알림

4 상사의 사외 인적네트워크 정보

- 대외적 인간관계에 관련된 정보수집
- 인사기록카드
- 상사 및 선임비서
- 업무수행 중 관계 인지(동창회, 인터넷, 관련 인물 DB)
- 우편물 등을 통해서
- 정보수집 시 유의사항
- 모임명, 담당자, 연락처
- 회원여부, 직함, 회비 납부일
- 문서로 작성하며, 경우에 따라 모임별 DB 작성도 필요

김진수 사장님		
대외 관계		**기타**
대외직함	대한야구협회 이사장, 한국무역협회 이사, 대한고교동창회장, 한빛 자선단체 이사	협회일정관리
출신 고교	대한고교(17회)	동창회보 발간
고교 동기	가나실업 김영우 사장 한국무역협회 노지훈이사 금영대학 박동규교수	
출신 대학교	대한대학교 경영학과(78학번)	
대학 동기	대한대학교 박지욱교수 서부경찰서 이민동서장	
대학원	대한대학교 대학원 경영학과(83학번)	
대학원 동기	대한대학교 박지욱교수 서부경찰서 이민동서장	
기타 학위	대한대학교 최고경영자과정 8기	

배수아 실장의
현장이야기 ②

Question

정말로 비서가 되면 조직도를 달달 외워야 하나요?
비서가 그렇게까지 해야 하는지 궁금합니다.

Answer

맞아요. 정말 그런 것이 궁금하시죠? ^^

지금이야 제가 경력 10년 정도의 프로비서가 되었지만, 저도 신입 사원 시절이 있었지요. 회사에 처음 들어가서 긴장된 상태로 있는데 인사팀장님께서 딱 보기에도 100명은 넘는 이름들이 잔뜩 쓰여 있는 순서도 같은 도표를 주시면서 여기에 있는 이름을 3일 안에 모두 외우라고 하시더라고요. 조직생활이 처음인 저는 그게 뭔지도 몰라서 이게 뭐냐고 묻자 팀장님께서는 "우리 회사의 조직도야. 업무를 빨리 익히려면 이것부터 외우는 것이 좋아."라고 말씀하시더라고요. 꼭 3일 안에 외워야 한다는 법도 없었는데 팀장님께서 말씀하시니까 정말로 그래야 하는 줄 알고 낮이나 밤이나 수능공부 할 때보다도 더 열심히 조직도를 외웠습니다.

실제로 저는 얼굴도 모르는 분들의 100명 남짓한 이름을 3일 안에 다 외웠습니다. 이름을 먼저 알게되니, 나중에 그분들을 직접 만나게 되더라도 얼굴만 기억하면 되니까 훨씬 편하더라고요. 게다가 신입비서가 정말 센스 있고 일 잘하는 비서가 들어왔다는 칭찬까지 많이 받았습니다.

그때 저는 팀장님이 무서워서 조직도를 달달 외웠지만, 지금 생각해보면, 조직도를 외움으로써 우리 회사에 어떤 팀들이 있고 그 팀의 장들은 누구이고, 제가 모시는 사장님 아래 계신 임원들의 역할들을 한눈에 파악하는데 정말 큰 도움이 된 것 같습니다. 그러니 여러분들도 비서가 되시면, 회사의 조직도부터 구해 파악하시는 것 절대 잊지 마세요. ^^ 참, 내부전화번호표와 가장 커다랗고 자세한 조직도표는 비서의 책상 유리판 밑에 꼭 깔아둬야 합니다.

오늘 배운 내용 정리

✏️ 조직도란?

✏️ 조직도를 통해 알 수 있는 점들

✏️ 조직도를 통해 알 수 없는 점들

✏️ 다음은 누구를 지칭하는 영문 직함명인가?
1. CEO:
2. CKO:
3. CFO:
4. CIO:

비서 실무 멘토링

비서의 출퇴근 업무

JY's 업무일지

○○○○년 ○○월 ○○일

	시 간	업무내용	비 고	확인
오전	08 : 00	OJT with 배수아 실장(출근 시 업무 파악)		V
	09 : 30	Mr. Jobs 내방	아메리카노 준비	V
	09 : 50	중역회의 자료 10부 복사		V
	11 : 30	상무님 오찬(with 사장님)	구내식당	V
	14 : 00	인터뷰(J일보사)	상무님실 정경	V
오후				V
	18 : 00	OJT with 배수아 실장(퇴근 시 업무 파악)		V

오늘 해야 할 일		방문객 스케줄			비고
할 일	**확인**	**시각**	**방문객명**	**확인**	
출근 시 비서의 업무 배우기	V	09 : 30	Mr. Jobs	V	
퇴근 시 비서의 업무 배우기	V	14 : 00	J일보사	V	

⏱ **오늘의 미션**

✔ 출근 시 비서의 업무배우기

  (출근 기본 예절 / 상사 출근 전 업무 /

  상사 출근 시 업무)

✔ 퇴근 시 비서의 업무 배우기

  (퇴근 기본 예절 / 상사 퇴근 직전 업무 /

  상사 퇴근 후 업무)

✔ 결근 또는 외출 퇴직 시의 예절 배우기

JY's 다이어리

○○○○년 ○○월 ○○일

 제 목 ●● 비서의 출퇴근 업무 배우기와 우편물 다루기에서의 첫 칭찬

어제 상무님께서 혼내신게 맘에 걸리셨는지 오늘 아침에 차를 드리자, 회사 생활할 만 하냐고 물어보셨다. "네. 상무님, 열심히 배우고 있습니다. 그리고 어제와 같은 키폰 실수는 다시는 안하겠습니다. 정말 죄송했습니다." 라고 씩씩하게 대답하자 웃으시면서 열심히 하라고 격려해 주셨다.

상무님께 혼난 어제는 하루가 지옥 같더니 오늘은 상무님께서 한번 웃어 주시니 힘이 불끈 불끈 솟았다. 비서란 이런 건가 보다... 상사의 말 한마디로 천국과 지옥을 경험하는...

오늘은 실장님께 출퇴근 업무에 대해 배웠다. 상무님께서 출근하시기 전 마쳐 놓아야 할 일들이 이렇게 많은지 몰랐다. 아참, 오늘은 실장님께 처음으로 칭찬을 들었다. 참석여부를 묻는 우편물이 있길래, 형광펜으로 일정에 밑줄을 긋고 그 밑에 학교에서 배운 대로 부전지를 붙였다. 그랬더니 실장님께서 센스있다며 칭찬해 주셨다.

아 행복하다. 나도 열심히 일하면 왠지 실장님처럼 멋진 비서가 될 수 있을 것만 같은 자신감이 불쑥 불쑥 솟는 하루였다!!!!

◀ POINT ❗

• 출근 시의 비서의 업무 배우기
 (출근 기본 예절 / 상사출근 전 업무 / 상사 출근 시 업무)
• 퇴근 시의 비서의 업무 배우기
 (퇴근 기본 예절 / 상사퇴근 직전 업무 / 상사 퇴근 후 업무)
• 결근 또는 외출 퇴직 시의 예절에 대해 학습하도록 한다!

Chapter

03

비서의 출퇴근
업무

비서의 출/퇴근 시 업무의 모든 것을 이해하고 숙지한다.

01
출근 시의 업무

 MISSION 출근 시 비서업무에 대해 알아보자

출근 시
비서의 업무
에는 무엇이
있을까?

비서는 상사보다 일찍 출근하여 업무를 시작해야 하므로 다른 사람들보다 아침을 더 일찍 맞이하게 된다. 출근시간은 5분만 늦어도 교통량 등이 크게 변화하여 지각할 수 있으므로 아침에 허둥거리지 않게 전날 잠들기 전 내일 입고갈 옷을 정한다든지, 너무 늦은 시각까지 깨어 있지 않는다든지 하는 노력이 필요하다. 잦은 지각과 자기관리가 안된 모습으로의 출근 등은 상사와의 신뢰관계를 무너뜨리는 시발점이 되므로 특히 입사 초기에는 세심한 주의가 필요하다.

1 비서 출근 시 기본예절

- 활기찬 표정과 태도로 명랑하게 인사
- 윗사람이 들어서면 앉아서 업무를 보고 있던 중이더라도 반드시 일어서서 인사
- 절대 지각은 금물! 만약, 늦을 것 같으면 우선 전화로 사과와 함께 사유를 간단히 말하고 출근 예정시간을 보고
- 지각했을 때에는 상사에게 가서 사유를 공손하고 분명하게 말하도록 하며 먼저 사과부터 드려야지 변명부터 늘어놓는 것은 예의가 아니다.

2 상사 출근 전 비서의 업무

- 상사보다 한시간(적어도 30분) 전에 출근
- 공휴일이나 상사의 출장 다음날은 평상시에 비해 30분 더 일찍 출근

▶ 사무실 환경의 정리 정돈

- 상사 집무실, 달력, 시계, 건전지 체크, 신문, 온도체크, 필기도구 확인, 차와 물 준비 등
- 경우에 따라 상사의 컴퓨터를 켜두거나, 상사의 이메일 관리를 하기도 한다.

사무환경 점검표에 의해 사무실의 정리정돈을 시행한다.

▶ 우편물 정리

- 상사의 것인지 확인: 긴급도, 중요도, 내용별로 분류
- 분류 문서를 접수 대장에 기록 후 일부인(날짜도장) 날인
- 조간신문을 정리하여 회사나 상사 관련기사 체크(포스트잇으로) 후 보시는 자리에 비치
- 초대장, 안내장 출결여부 부전지 부착
- 답장을 요하는 것들도 부전지 부착

 Check!

부전지란?

어떤 서류에 간단한 의견을 적어서 덧붙이는 쪽지, 예전에는 부전지 양식을 따로 만들어 사용하는 경우가 많았으나 요즘은 포스트잇 등으로 대신하기도 한다.

상사가 출장 중이더라도 나태해지지 말고 출퇴근 시간을 엄수해야 한다. 상사가 자리를 비웠을 때 더욱 더 철저히 자리를 지키고 있는 비서에게 상사는 큰 신뢰감을 느낄 수 있다.

▶ 이메일/문서함의 서류/팩스의 확인

- 밤사이 수신된 이메일/문서함의 서류/팩스 확인하고, 우편물을 가지고 옴
- 편지를 개봉하고 중요부분에 하이라이팅, 답장 요하는 것들에는 부전지를 부착(annotation)
- 초청장 및 회의관련내용은 일정표와 비교하여 참석여부를 알 수 있게 부전지 부착

▶ 당일 업무의 확인(업무 일지에 적어 놓고 시행한 후 완료한다.)

- 오늘의 Things to do 확인
- 상사의 일정표 점검
- 결재가 필요한 문서는 긴급도, 중요도를 고려하여 순서대로 정리
- 전날 미결업무에 대해서 처리사항 점검
- 비서가 출근하자마자 전화벨이 울리는데, 거의 결재를 부탁하거나 상사의 출근을 알려달라는 부탁의 전화이다. 잘 적어두었다가 반드시 알려드리도록 한다.

Tip!

일반적으로 우편물은 하루에 3~4번 이상을 우편함에 확인하여 가져오도록 한다.
- 아침 상사 출근 전에 한 번
- 점심식사 후에 한 번
- 오후에 한 번
시간을 정해서 우편물을 정기적으로 확인하는 습관을 기르자.

Check!

결재서류판과 결재서류함에 대해 알아볼까요?

〈결재 서류판〉

- 결재서류 및 문서는 항상 결재서류판에 넣어 사용한다.
- 문서나 서류를 결재서류판 없이 사용하지 않는다.

〈결재 서류함〉

- 결재서류함은 보통 3단짜리를 많이 사용
- 결재서류를 3종류로 구분하여 보관하기 때문

① 결재(決裁) 완료(Outgoing 함에 보관) → 상사가 읽고 싸인한 서류
② 미결(未決) (Incoming 함에 보관) → 상사가 아직 읽지 않은 서류
③ 보류(保留) (Pending 함에 보관) → 상사가 읽었으나 싸인을 보류한 서류

결재(決裁)　　　　미결(未決)　　　　보류(保留)

3 상사 출근 시 조치 사항

▷ **기호에 맞는 준비한 차를 준비**

· 차 뿐만 아니라 상사에 따라서는 매일 복용하는 비타민이라든지 간단히 아침식사를 하실 수 있게 과일이나 빵 종류를 내 주길 원하는 경우도 있다.

▷ **당일 스케줄 보고**

· 상사의 당일 스케줄을 보고하고 확인 및 변경사항 체크

▷ **상사의 출근을 알림**

· 우선순위 및 중요도에 따라 부서에 알림

▷ **우편, 서신, 초대장 등 회답이 필요한 내용은 지시에 따라 처리**

▷ **사내 문서들을 요령 있게 결재 올림**

팀과제

01 다음은 임진영씨의 상사 김현준 상무에 대한 설명이다. 글을 읽고 임진영씨가 아침에 출근하여 김현준 상무를 위해 준비해야 할 사항들이 무엇이 있을지 순서대로 생각해 보자. (비서가 해야 할 일을 줄치고, 필요한 내용을 적어 보자)

팀과제

임진영씨의 상사 김현준 상무는 대학에서 경영학을 공부하고 미국에서 MBA를 취득하였다. 현재는 목동에서 부인과 자녀 2명과 살고 있다. 김현준 상무는 보통 7시 35분이면 회사에 도착하여 업무를 시작한다. 밝은 성격의 소유자로 비서에게 "굿 모닝" 하며 인사한 후 집무실로 들어간다. 보통 사무실의 문은 활짝 열어 두신 채 업무를 보시는 편이다. 신문을 꼼꼼히 읽는 스타일이지만, 요즘에는 너무 바빠서 비서에게 매일 아침 신문 내용 중 중요한 기사 5개 정도는 포스트 잇으로 표시해 달라고 요청하였다.

책상은 항상 깔끔하게 정리되어 있길 바라며 건조한 걸 싫어해서 가습기를 꼭 틀어 놓는다. 아침마다 드시는 아메리카노를 준비해서 상사의 방으로 들어가면 비서가 표시해 놓은 신문기사를 읽고 계신다. 가끔은 빵이나 과일도 아침에 찾으실 때가 있어서 상무님 드실 만큼은 늘 탕비실에 준비해 두어야 한다.

이메일로 업무 연락 하는 것을 가장 선호하셔서 하루에도 이메일을 수시로 체크하시는 편인데 외국과의 연락도 자주 하시기 때문에 밤사이에 수신된 이메일과 신문 스크랩을 살펴보신 후에 체크하신다. 전에는 이메일 체크는 본인께서 직접 했는데 비서와 신뢰관계가 형성된 이후로는 이메일 체크까지 비서에게 위임하였다. 지난주부터는 상무님께서 스마트폰을 주시면서 명함 입력과 일정표 입력을 부탁하셨다.

8시 30분경 커피잔을 치워드리러 들어갈 때 그날의 스케줄을 보고한다. 이때 변경할 스케줄이 있는지 확인하고 김현준 상무가 개인적으로 잡은 스케줄이 있으면 비서에게 항상 이야기해준다. 약속시간에 늦는 것을 싫어하시기 때문에 늘 비서에게 스케줄 리마인드를 부탁하곤 한다.

오전 10시경에는 냉녹차 한잔과 늘 드시는 비타민을 생수와 함께 준비해 드린다.

02

////////////////////////////////

퇴근 시의 업무

> 퇴근 시 비서의 업무에는 무엇이 있을까?

MISSION 퇴근 시의 비서 업무에 대해 알아보자

일반적으로 비서의 퇴근은 상사가 퇴근한 후가 된다. 상사가 퇴근하지 않은 상황에 부득이하게 급한 사정이 있어 먼저 나가게 될 경우, 사전에 사유를 말씀 드리고 공손한 자세로 양해를 구해야 한다. 어떠한 경우라도 내가 제시간에 퇴근 하는 것은 당연하다는 식의 태도는 금물이다.

1 퇴근 시 기본예절

- 동료와 서로 수고의 인사를 나누기
- 윗사람에게 "수고하세요" 인사는 사용하지 않도록 주의
- 퇴근시간 전부터 부산하게 퇴근 준비를 하지 말 것
- 퇴근시간이 되더라도 하던 일은 마무리 짓고 퇴근
- 책상을 깨끗이 정리정돈 한 후 퇴근

2 상사 퇴근 직전의 조치 사항

- 승용차대기: 외부 약속이 있으실 경우 늦지 않게 상기시켜드리고 외부 일정에 대해서는 기사와 수시로 정보를 공유
- 다음날 스케줄 보고 / 확인: 다음날 오전 일정이 외부일정으로 시작될 경우 휴대용 일정표 및 해당 자료 챙겨 드림(조찬모임, 외부회의 참석 등)
- 미결업무의 확인과 결재 상신: 퇴근 전에 미리 오늘 꼭 하셔야 할 결재서류를 알려드림
- 엘리베이터 대기: 상사가 나가실 때쯤, 기사분과 연락한 후 엘리베이터를 대기시킴

3 상사 퇴근 후의 업무 마감

▶ 미결업무의 확인과 내일의 업무 계획

▶ 상사의 사무실 정리와 지시사항 처리
· 상사 컴퓨터 및 전자기기 전원 OFF
· 금고문 확인

▶ 결재서류의 확인 및 서류보관함에 보관

▶ 주변정돈 후 퇴근
· 탕비실 기구 및 기기들 전원확인
· 비서실 정리(책상 위 깔끔히 정리)
· 컴퓨터 전원 OFF 및 기밀서류함 확인
· 비서실 전체 전원 OFF 및 보안카드 셋팅

Check!

또 다른 결재서류함!

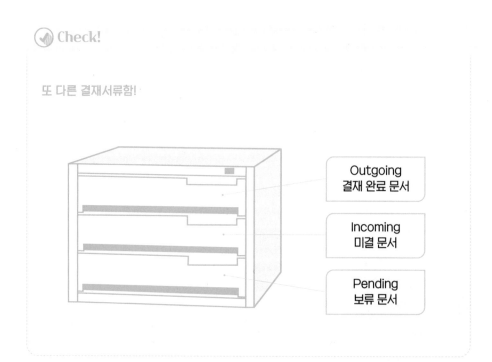

Outgoing
결재 완료 문서

Incoming
미결 문서

Pending
보류 문서

03

결근과 외출, 퇴직 시의 예절

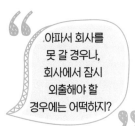

" 아파서 회사를 못 갈 경우나, 회사에서 잠시 외출해야 할 경우에는 어떡하지? "

 MISSION 결근, 외출, 퇴직 시의 예절에 대해 알아보자

1 결근

- 어떠한 경우라도 무단결근은 금물!
- 결근하게 될 경우, 반드시 회사에 전화를 걸어 사죄의 말씀과 사유를 공손히 밝힌다.
- 본인이 전화를 걸 상황이 되지 못한다면 가족이나 가까운 사람에게 대신 전화를 부탁
- 입원 등의 이유로 장기간 결근하게 될 경우라도 종종 사무실에 연락을 취한다.

2 외출

- 상사가 계실 때는 외출은 절대 금물! 업무상 외출 시, 반드시 상사에게 허락을 구할 것
- 이 경우, 상사나 옆자리 동료에게 행선지와 외출의 이유 그리고 소요시간을 밝힐 것
- 자리를 비울 경우, 수신되는 전화는 옆자리 동료에게 잘 부탁하여 놓침없이 해야 함
- 대신 전화를 받아줄 동료가 없다면 핸드폰으로 회사 전화를 착신 후 외출
- 30분 정도 이상 자리를 비우게 될 경우에는 책상 위를 말끔히 정돈하고 외출
- 외출 중 행동을 함부로 하거나 개인의 용무를 보는 것은 금물(특히 회사의 유니폼을 입은 경우 철저히 주의할 것)
- 용무를 마치고 나서는 반드시 회사로 들어가 업무를 정리한 후 퇴근
- 퇴근시간이 지났을 경우에는 상사에게 전화를 드리고 외출업무에 대한 보고를 하고 상사가 바로 퇴근해도 좋다는 승낙을 내리면 외부에서 퇴근
- 외출에서 회사로 돌아가면 그 즉시 상사에게 업무 보고

3 퇴직 시의 예절

▶ **비서는 입사 후에 언젠가는 퇴직을 하게된다. 퇴직시에 예절은?**

· 퇴직결정은 심사숙고 해야 함
· 결정이 확실해 지면, 반드시 상사에게 먼저 보고해야 함
· 사직서는 최소 한 달 전에 제출해야 인수인계가 가능함(조직마다 다를 수 있으므로 규정을 먼저 확인)
· 1년 미만이나 잦은 퇴사 경력은 도움이 안되므로, 특별한 사안이 없는 한, 계약기간까지는 반드시 근무하는 것이 좋음
· 퇴직 시의 매너는 아주 중요하므로 뒷모습까지 아름다운 사람이 되자.

▶ **퇴직 절차 및 예절**

〈기본 절차〉

· 퇴직결정 → 상사에게 보고 → 인사부 보고(사직서는 1달 전에 제출) → 후임자 선발 → 인수인계 완수 → 퇴사

〈예절 사항〉

· 회사규정에 따른 사직절차를 따름
· 적어도 한달 정도 여유를 두고 사직의사를 밝힘
· 계약기간이 만료되기 전에는 이직하지 않는 것이 조직에 대한 매너
· 후임자를 위한 인수인계 자료를 작성 및 업무 매뉴얼 정리
· 인수인계는 약 2주 정도 시행
· 절대로 급하게 당장 그만 두고 나오지 않도록 함
· 회사마다 reference check시행을 하므로 퇴직 시 신중하게 행동해야 함

팀과제

02 현재 비서로 근무하고 있는 선배와의 연락을 통하여 출/퇴근 시의 업무를 조사하여 다른 팀과 비교하여 보자.

팀과제

03 각 조직마다 특수하게 요구되는 출/퇴근 시의 업무가 있는지 조사해 보자.

배수아 실장의
현장이야기 ❸

실장님의 출퇴근 시간이 궁금합니다!

Answer

저희 회사의 정식 출근 시간은 9시이고 퇴근시간은 6시입니다. 비서실에 근무하는 비서들의 출퇴근 시간도 그럴까요? ^^

저희 사장님은 정말 부지런 하셔서 매주 월요일 임원회의를 오전 7시 부터 소집 하십니다. ^^ 그렇게 되면 저 같은 경우는 늦어도 새벽 6시 20분에서 30분 사이에는 꼭 회사에 도착을 해야 하죠. 임원회의가 있는 날은 회사에 오자마자 다과와 차를 준비하고(회의 자료들은 그 전주 금요일 퇴근 전에 물론 완벽히 준비해 놓죠) 그리고 회의 자료 들을 최종 점검합니다. 오전 7시경 사장님께서 회의에 들어가시면 평상시 오전에 하게 되는 일을 하게 됩니다. 그 일은 잠시 후에 말씀 드릴게요. ^^ 다시 출근시간 이야기로 돌아가면,,, 회의가 없더라도 저희 사장님께서는 오전 7시 40분경에 출근하시기 때문에 저는 보통 늦어도 7시까지는 출근해야 합니다. 아침잠이 너무 많아서 처음에 적응하는데 너무 너무 힘들었습니다. 하지만 이것도 익숙해지니 오히려 늦게 출근하면, 차도 너무 막히고 지하철에 사람이 너무 많아서 더 힘들더라고요.

퇴근시간은 6시이지만 그렇게 퇴근하는 경우는 거의 없고요, 사장님께서 들어가시면서 "배실장도 이제 들어가 봐야지" 말씀하시면 그때서 정리하고 퇴근합니다. 가장 늦게까지 회사에 남아 있던 시각은 밤 10시 30분 정도였어요. 물론 드문 일이었지만 회사의 급한 일 때문이었답니다.

회사가 합병할 즈음에는 주말에 회사에 나오는 경우도 종종 있어요. 한번은 토요일 오전에 집에 있는데, 모든 부서원이 출근해서 일하던 와중에, 과장님께서 합병자료 작성문제로 지금 회사로 나와 줄 수 있냐고 하시더라고요. 그날 약속이 있었음에도 불구하고 당연히 나가겠다고 하고 출근해서는 2시간 정도 자료 만드는 일을 했습니다. 그 후 과장님께서 이일을 사장님께 말씀해 주셨고 사장님께서는 흔쾌히 나와 줘서 고맙다며 저를 칭찬해주셨답니다.^^ 무엇보다 그 일이 있은 뒤로는 사장님께서 더욱 저를 신임하시는 느낌이 들어서 참 좋았습니다.

배수아 실장의
현장이야기 04

Question

실장님, 출근 하시면 어떤 일부터 하세요?

오전에 무슨 일을 하는지 알고 싶습니다!

Answer

아무래도 제 출근시간이 이르다 보니까 회사에 1등으로 출근하는 사람이 바로 저입니다. 도착하자마자 보안카드로 보안 해제한 후 일단 제 자리로 가서 가방을 놓습니다. 그리고는 사장님실 온도를 맞추고, 컴퓨터를 부팅해 놓습니다. 사장님 책상 위에 있는 일일달력이 제날짜로 되어 있는지 확인하고 탁상시계 및 벽시계를 확인합니다. 필기구가 제대로 나오는 지 확인하고 메모지를 보충해놓습니다. 그리고 탕비실로 가서 사장님께서 오시면 바로 드실 물과 찻잔을 데워 놓고 바로 드실 수 있도록 준비해 놓습니다.

제 자리로 돌아와서는 사장님 이메일을 체크한 후 직접 읽으셔야 하는 이메일은 모두 출력하고 중요한 부분을 형광펜으로 하이라이팅 합니다. 또 수신된 문서나 팩스를 정리하여 보셔야 하는 것들 역시 정리한 후 같은 작업을 해서 사장님 책상 위에 올려 둡니다. 물론 이미 서류함의 서류를 가져 와서 서류를 꺼내 결재판에 끼워 상사방으로 가져다 두었구요.

다음은 그날의 일정 확인인데요, 당일 일정을 늘 사용하는 양식에 정리하여 프린트 해 둡니다. 이렇게 매일 오전에 사장님과 그날의 일정 확인을 하는 것이 얼마나 중요한지 몰라요. 사장님께 그날의 일정을 보고 하면 미리 제게 말씀 안 해주신 일정도 자연스럽게 말씀해 주시니까 업무에 큰 도움이 됩니다.

이후 신문이 도착을 하면(신문도 6개를 보십니다.) 보시는 순서대로 사장님 방 탁자에 올려 둡니다. (신문 스크랩은 신문을 보시고 난 뒤에 오후에 합니다.) 오전에 스크랩을 안하는 대신 인터넷으로 회사 관련 기사와 사장님 관련 기사를 검색하여 중요한 것들은 프린트 하여 폴더에 끼워 책상 위에 올려 둡니다. 참, 가끔 날을 잡아 화분에 물을 주기도 하지요.

오전 시간에 해야 할 일이 생각보다 참 많죠? ^^ 그래도 겁먹지 마세요. 하나 하나 해 나가다 보면 이것도 요령이 생겨서 점점 손이 빨라집니다. ^^ 다른 직원들은 9시부터 업무 시작인데 저는 오전 9시가 되면 오히려 다소 한가해져 그때 마시는 커피 한잔의 여유가 꿀맛 같습니다. ^^

오늘 배운 내용 정리

🖊 상사 출근 전 비서의 업무

🖊 상사 퇴근 전 비서의 업무

비서 실무 멘토링

Chapter

04

사무실 환경관리

JY's 업무일지

○○○○년 ○○월 ○○일

시 간		업무내용	비 고	확인
오전	08 : 30	사무환경관리	상사실, 비서실	V
	10 : 00	마케팅회의	소회의실	V
	11 : 30	OJT with 배수아 실장		V
오후	13 : 30	사무비품관리		V
	14 : 30	마케팅 회의록 작성 및 배부		V
	16 : 30	간행물 작성		V

오늘 해야 할 일		방문객 스케줄			비고
할 일	확인	시각	방문객명	확인	
사무환경점검표 작성	V				
사무비품관리표 작성	V				
간행물관리표 작성	V				

🕐 오늘의 미션

✓ 사무환경점검표 작성하기
✓ 사무비품관리표 작성하기
✓ 간행물사무환경관리표 작성하기

JY's 다이어리

○○○○년 ○○월 ○○일

 제 목 ●● 비서의 사무환경관리 내용 익히기와 관리표 작성

요즘은 어느 정도 업무가 손에 익어, 내 자신이 스스로 대견스러워 졌다. 점점 얼음공주님 같은 배수아 실장넝에게도 칭찬을 받는 일도 많아 졌다. 이럴 때 일수록 더욱 열심히 하고 싶은 생각이 많이 든다.

오늘은, 실장넝께서 비서가 관리해야 할 사무실은 상사실, 회의실, 비서실, 탕비실이라고 말씀해주시며 관련된 서류를 알려주셨다. 관련서류로는 사무환경정검표, 사무비품관리표, 간행물관리표이었다. 매일 매일 상사실과 비서실을 왔다 갔다하면서도 사무비품을 눈으로만 확인하였지, 계획적으로 관리하지 않았다. 몇 일전 상무넝께서, 회의 중에 전화로 "임비서, 볼펜이 나오지 않아, 빨리 가져와줘"라고 소리친 기억이 난다. 맞다, 비품관리표가 있으면 이런 경우는 다시는 생길 것 같지 않다. 오늘 비로서 비품관리에 대한 중요성을 다시 한번 깨달았다. 이런 모습을 보고 배실장넝이 오늘 내게 사무실관리에 대한 중요성을 일깨워주신 것 같다. 배실장넝, 정말 감사합니다. 저는 이제 볼펜 한자루도 놓치지 않는 완벽한 비서가 되겠습니다~~

사무환경관리와 간행물관리에 대한 내용은 어려워보이지는 않았지만, 매일 매일 확인하는 것으로 더욱 부지런해야겠다는 각오를 새기게 된다. 이번에도 사무환경관리를 꼼꼼히 실행해보고자 한다. ^^ 더욱 힘내자 임진영!

POINT ❗

• 사무환경관리의 중요성 파악하기
• 사무환경점검표, 사무비품관리표, 간행물관리표 작성하기

사무실 환경관리

 **학습
목표** | 사무환경관리와 관련 문서 작성에 대해 알아본다.

01
사무환경관리

사무환경관리,
어디를, 무엇을
관리할까?

MISSION 사무환경관리의 대상을 알아보자

▶ **사무환경관리의 중요성**

"정보화 사회의 사무실 = 지적 생산의 장 → 생산성 증대"

· 상사의 업무효율성과 기업의 이미지를 증대시키기 위해서는 사무환경관리가
  필요

· 따라서 비서의 사무환경관리는 일상적인 업무로서 쾌적하고 능률적인 공간
  으로 체계적으로 관리해야 함.

▶ **비서의 사무환경관리 대상**

· 상사의 집무실
· 회의실
· 비서실
· 탕비실
· 기타 사무공간
· 비서는 사무환경의 체계적인 관리를 위해 각 사무실의 사무환경 점검표를
  작성해야 함.

▶ 상사실관리

상사의 업무생산성을 높이기 위해 항상 쾌적하고 정리정돈 환경유지

회사의 CI와 상사의 개성과 성향에 따라 관리

조직 전체적인 분위기 및 상사의 개성 고려

환경정리와 환경미화

도난, 화재, 잠금장치 유의

1 사무환경점검표 작성

🌀 기본사항

상사책상정리, 의자, 조명/환기, 컴퓨터, 전화, 사무집기, 청소상태, 화분, 액자, 시계,
커튼 및 블라인드, 신문 및 잡지, 사무용품, 집기의 청결상태, 휴지통 등

점검할 목록에 대해 수시로 확인하고 이상있는 경우 즉시 교체
(관련부서에 연락)

작성일/점검일자를 정확하게 기재

2 사무환경점검표 예시

상사 집무실 환경 점검표

점검일: 년 월 일
점검자:

번호	점검내용	예	아니오	비고
1	채광의 정도가 적당한가?			
2	전등의 밝기가 지나치게 밝거나 어둡지 않은가?			
3	에어컨 · 히터의 온도가 적당한가?			
4	환기가 제대로 이루어지고 있는가?			
5	인터넷의 속도는 적당한가?			
6	무선 인터넷의 연결은 끊어짐이 없는가?			
7	상사의 손이 닿는 거리에 필기도구가 위치하는가?			
8	신문 및 잡지는 상사가 원하는 순으로 정리되어 있는가?			
9	책상과 의자가 가지런히 정리되어 있는가?			
10	결재 서류와 미결재 서류가 분류되어 있는가?			
11	상사가 집무실을 비운 경우 기밀서류가 책상위에 나와 있지 않은가?			
12	컴퓨터, 프린터, 팩스 등의 사무기기가 제대로 작동하고 있는가?			
13	프린터와 팩스에는 용지가 채워져 있는가?			
14	휴지통이 비워져 있는가?			
15	탁상, 벽 등의 달력이 바른 날짜에 펴져 있는가?			
16	시계가 정확한 시각을 가리키고 있는가?			
17	전화기가 제자리에 있는가?			
18	전화기 코드의 꼬임은 없는가?			
19	서류함과 금고 등은 잠금과 열림이 제대로 이루어지고 있는가?			
20	상사가 집무실을 비운 경우 서류함과 금고 등은 잠겨 있는가?			
21	화분에 식물이 시들지는 않았는가?			
22	바닥 청소는 잘 되어 있는가?			
23	액자가 비뚤어지지 않았는가?			
24	TV, 라디오 등의 시청각 기기가 켜져 있을 경우 볼륨은 적당한가?			

▶ **사무환경점검표**(10장 업무양식 참조)

상사실/회의실/비서실/탕비실 각각에 대한 사무환경점검표를 작성

① 회의실 및 응접실은 늘 청결하게(회의가 끝나면 바로 정리)

> 🕐 **책상 위 꼭 필요한 것만 올리기**
>
> - 조직도표
> - 컴퓨터, 전화기, 업무일지, 메모지, 필기구
> - 항상 청결 유지 및 책상/의자 정리정돈
> - 달력/시계(정확)/집기의 청결상태 확인
> - 액자 / 상태 확인
> - 신문/잡지 최근 것 비치
> - 화분 및 액자 관리

② 비서실은 청결과 보안유지, 비서의 업무효율성 증대위한 배치, 환경미화
   → 대외이미지 상승

> 🕐 **효율적 업무진행이 가능한 배치 후 정리정돈**
>
> - 각 비품의 위치 정하기
> - 전화번호부, 사전 → 가까운 곳
> - 전화는 책상 왼쪽(오른 손 메모)
> - 중요 일정은 메모판 부착(but 기밀 유지 관리)
> - 사무용품 넉넉히 구비하여 업무 중 떨어지지 않게
> - 비품 보관 상자, 서랍, 서류철, 보관함은 이름표 부착
> - 귀가 시 책상 위는 아무것도 없도록
> - 서류는 꼭 보관함에
> - 클립/핀 등은 용기에 넣어서

③ 탕비실은 청결유지 및 물품의 재고관리(주문주기)가 중요

🍵 상사 및 손님 응대 준비 장소

· 차와 다과를 준비하는 곳

· 다양한 차와 음료 준비와 주문

· 항상 찻잔 및 집기류 청결 유지

· 개수대 정리 정돈(도움 필요)

· 자주 사용하는 차와 음료는 가까운 곳 배치

· 물품 유효기간 반드시 확인

· 설거지 청소 담당

· 재고관리 및 체크리스트 준비

· 회의 준비 시 임원 별 취향 리스트

02
사무비품관리

▷ **사무비품관리의 중요성**

· 사무능률을 위해서는 사무실 환경 안에 있는 사무비품과 용품, 사무기기 등에 관한 관리는 필수
· 주기적인 비품관리 및 유지(주문관리)는 비서의 주요 업무

▷ **비서의 사무비품관리 대상과 방법**

· 상사의 집무실/회의실/비서실/탕비실 즉, 사무환경관리 대상내의 비품을 모두 관리해야 함
· 비품의 주기적인 구매신청과 조달업무 수행
· 소모품을 종류별/사용별/빈도별의 기준으로 지정된 위치에 수납 후, 서랍 번호를 붙이고 사용대장을 비치
· 비서는 사무환경의 체계적인 관리를 위해 사무비품관리표를 작성해야 함

✎ **사무비품관리표의 작성과 관리절차**

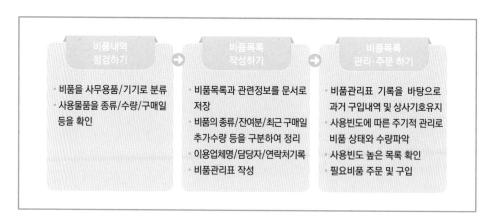

비품내역 점검하기
· 비품을 사무용품/기기로 분류
· 사용물품을 종류/수량/구매일 등을 확인

비품목록 작성하기
· 비품목록과 관련정보를 문서로 저장
· 비품의 종류/잔여분/최근 구매일 추가수량 등을 구분하여 정리
· 이용업체명/담당자/연락처기록
· 비품관리표 작성

비품목록 관리·주문 하기
· 비품관리표 기록을 바탕으로 과거 구입내역 및 상사기호유지
· 사용빈도에 따른 주기적 관리로 비품 상태와 수량파악
· 사용빈도 높은 목록 확인
· 필요비품 주문 및 구입

· 비품관리표를 바탕으로 구입한다.
  - 사무용품은 종류별로 잔여분과 최근 구매내역 비교하여, 추가로 필요 수량과 다음 점검시까지 소모되는 수량을 파악하고 구입
  - 비품을 직접 구입하는 경우, 거래업체의 카탈로그와 인터넷 사이트를 비교하여 저렴한 가격으로 구매하도록 노력
  - 서랍장/책상/의자 등 사무실 집기나 사무기 기의 상태를 확인하고 교체 수리가 필요한 경우는 상사의 결제를 받은 후, 즉시 해당부서에 연락 후 구입하거나 수리
· 비품 구입 후, 주문 내역과 받은 물품 비교 및 확인
· 비품관리표는 거래내역서와 같은 증빙자료와 함께 파일로 관리

✎ 사무비품관리표

비품 관리표

점검일: 년   월   일

점검자:

비품(소모품)명	잔여 수량	최근 구매일	추가 수량	구매처	비고
프린터 용지					
프린터 잉크(집무실)					
프린터 잉크(비서실)					
연필					
지우개					
볼펜(흑)					
볼펜(청)					
볼펜(적)					
수정 테이프					
형광펜					
만년필 잉크					
인주					
스탬프					
클립					
스테이플러					
스테이플러 심					
메모지					
포스트 잇					
스카치 테이프					
건전지(AA)					
건전지(AAA)					
집게					
날클립					
날클립 심					
자(15cm)					
자(30cm)					
네임펜					
사무용 칼					
각티슈					
물티슈					
휴대폰 보조배터리					

비품 점검 사항

번호	점검 내용	예	아니오	비고
1	프린터의 작동이 제대로 이루어지고 있는가?			
2	복사기, 팩스의 작동이 제대로 이루어지고 있는가?			
3	프린터, 복사기, 팩스 등에 용지가 충분히 채워져 있는가?			
4	(인터넷 전화의 경우) 연결이 끊어지지 않고 정상적으로 작동되고 있는가?			
5	교체가 필요한 비품이 있는가?			
6	명함첩 정리가 잘 되어 있는가?			
7	연필은 뾰족한 상태로 잘 깎여 있는가?			
8	인주의 겉 표면은 깔끔한 상태로 유지되고 있는가?			
9	일부인(날짜 스탬프)의 날짜가 오늘 날짜로 바뀌어 있는가?			
10	만년필의 잉크는 충분히 채워져 있는가?			
11	건전지가 필요한 기기(무선 마우스, 시계 등)는 건전지 교체가 필요하지 않은가?			
12	휴대폰 보조 배터리는 완충된 상태로 준비되어 있는가?			

03

간행물관리

▶ **간행물관리의 중요성**

- 상사실 및 회의실에 관련 잡지 및 간행물이 필요
- 상사의 업무에 활용, 손님 대기 중 유용하게 활용
- 따라서 간행물 구입/갱신/비치/관리는 비서의 주요업무로 주기적인 관리 및 유지가 필요

▶ **비서의 간행물 관리대상**

- 회사/제품과 관련된 간행물
- 상사의 취향
- 유명 경제지 및 홍보물
- 간행물 관리

간행물관리표 작성과 관리 방법

주문내역 점검하기
- 정기구독물 신청내역 확인
- 구매부/과거 주문내역/영수증/온라인 결재내역 확인
- 주기적으로 구입한 내역 확인

간행물 목록/정보 작성하기
- 구독중인 간행물과 정보를 파일로 정리
- 간행물 관리표 작성
- 내용: 간행물 이름/배달주기/회사/전화번호/독자번호/구독 기간/기타
- 기준: 일간/주간/월간/연간 등

수신목록 파악하기
- 간행물 관리표 참고하여 수신된 간행물을 파악
- 신문(국내/해외)
- 잡지(국내/해외)
- 지정된 곳에 비치

간행물목록 관리 주문 하기
- 간행물 수신 내용을 파일로 정리
- 간행물 수신 확인표 작성
- 간행물별 수신 날짜 확인
- 간행물 관리표와 수신 확인표를 바탕으로 신청 및 갱신

🌀 **간행물 신청 및 구독갱신**
- 간행물 관리표와 수신확인표를 바탕으로 새로 신청 및 구독 갱신
  - ✓ 간행물 관리표에 있는 구독기간을 확인
  - ✓ 마감일 전에 상사에게 갱신여부 확인
  - ✓ 상사의 지시에 따라 담당자에게 연락
  - ✓ 재구독 조건과 가격확인
- 관련 부서에게 구독 신청 및 갱신 가능확인
- 거래내역서/해지 고지서와 같은 증빙자료와 함께 파일로 관리

✍ 간행물

간행물 관리표

점검일:　　년　　월　　일

점검자:

간행 주기	간행 물명	구독 번호	담당자	연락처	구독 기간	금액	비고
일간	00신문	1234-56	정철수	321-9876	2017. 1.1. ~2017.12.31	120,000원/ 년	
	00경제신문	3457-786	김장미	456-9876	2017. 5.1. ~2018. 4.31	100,000원/ 년	만기시 해제
	00전자신문	A123-56	이민아	321-2563	2016. 1.1. ~2017.12.31	240,000원/ 년	
주간	00저널	1234-56	이진수	321-9876	2017. 1.1. ~2017.12.31	150,000원/ 년	수요일 배달
	Economy	3457-786	김영심	456-9876	2017. 5.1. ~2018. 4.31	200,000원/ 년	목요일 배달
	Newsweek	A123-56	오은아	321-2563	2016. 1.1. ~2017.12.31	140,000원/ 년	금요일 배달
월간	AA저널	1234-56	이진수	321-9876	2017. 4.1. ~2018.3.31	300,000원/ 년	수요일 배달
	월간경제	3457-786	김영심	456-9876	2017. 5.1. ~2018. 4.31	200,000원/ 년	목요일 배달
	세계전자	A123-56	오은아	321-2563	2016. 1.1. ~2017.12.31	140,000원/ 년	금요일 배달
계간	Office Pro	1234-56	김다래	321-9876	2017. 4.1. ~2018.3.31	300,000원/ 년	3/6/9/12월 배달
		3457-786	차준석	456-9876	2017. 5.1. ~2018. 4.31	200,000원/ 년	1/4/7/10월 배달
연간							

배수아 실장의
현장이야기 ⑤

Question

사무환경관리는 너무 어려운 것 같은데, 좋은 팁이 있으신가요?

▶ Answer

처음 해보면 어려울 수 있어요. 그런데 사실 생각해보면, 비서의 출퇴근업무에서 말씀드린 것처럼, 아침에 일찍 와서 사무환경점검표와 사무비품관리표, 그리고 간행물관리표를 들고 한 바퀴 돌면서 확인해보시면 매우 루틴한 업무가 되지요. 처음에 양식을 만들 때는 너무 목록이 많아 어렵다고 판단할 수 있는데, 우리가 출/퇴근 업무관리할 때 사무환경관리 대상이 되는 상사실, 회의실과 응접실, 비서실, 탕비실을 매일 아침에 반드시 확인해야 하니, 이때 자동적으로 사무환경과 비품관리가 이루어지기 때문이죠. 한 번에 확인해보시면 감이 잡힐 것 같아요. 아참, 대신 반드시 사무환경점검표와 사무비품관리표, 그리고 간행물관리표를 만들어 두는 것, 잊지 마세요!

간행물 목록도 처음에는 뭔가 어렵다고 생각할 수도 있지만, 간행물이 발간되는 시기를 미리 달력에 표시해두거나, 아니면 핸드폰 알람에 저장해 두시면 굳이 신경을 안써도 알람으로 알려주니 편리한 방법이기도 합니다. 이렇게 적어두면, 항상 일정관리를 하면서, 매달, 매주, 매일 해야할 목록에 자동적으로 things to do list에 들어오게 되니, 놓치지 않겠죠? 또한 우리 회사에는 물품을 신청하는 시기가 별도로 지정되어 있으니, 이 때 다시한번 확인하근 것도 잊지마세요. 이건 회사마다 달라요

그러나 한 번 비품이나 간행물 신청하는 시기를 놓치게 되면, 조금 곤란해 질 수 있답니다. 따라서 미리 미리 마감일 전에 신청해두는 습관을 갖는 것이 중요하답니다.

오늘 배운 내용 정리

✏️ 사무환경관리 대상과 관리방법은?

1.

2.

3.

✏️ 사무비품관리 절차를 3단계로 나누어 기술해 보자.

1.

2.

3.

✏️ 간행물 관리절차를 4단계로 나누어 설명해 보자.

1.

2.

3.

직무분석과
업무일지

JY's 업무일지

○○○○년 ○○월 ○○일

	시 간	업무내용	비 고	확인
오전	09 : 00	골프부킹	레이크사이드CC	V
	09 : 30	임원회의	소회의실	V
	11 : 00	J인터내셔널 / 한성희 상무 내방	자료 준비	V
	11 : 10	OJT with 배수아 실장(직무분석)		V
	12 : 00	상무님 오찬(with 박진영)	프라자호텔 사파이어룸	V
오후	14 : 00	제주도행 티켓 예약		V
	15 : 00	오후 이메일 보고		V
	16 : 00	출장 자료 만들기		V

오늘 해야 할 일		방문객 스케줄			비고
할 일	확인	시각	방문객명	확인	
레이크사이드CC 부킹	V	11 : 00	한성희 상무	V	
오찬 일정 reconfirm	V				
직무분석과 직무기술서 파악하기	△				
비서표준 직무기술서 해석	△				

🕐 오늘의 미션

✓ 직무분석과 직무기술서의 정의 알기

✓ 세계비서협회(IAAP)

✓ 비서표준직무기술서 해석하기

✓ 업무일지 작성 점검하기

JY's 다이어리

○○○○년 ○○월 ○○일

 제 목 ●● 비서 표준 직무기술서 익히기와 업무일지 작성

입사한 지 벌써 몇 주가 지났다. 얼음공주님 같은 배수아 실장님과도 조금은 친해졌다. 업무를 알려주실 때는 자상하게 알려 주시지만 실수를 할 때는 엄하게 야단을 치시곤 한다. 하지만 처음 보다는 확실히 가까워 진 느낌이 든다. 상무님께도 때로는 칭찬받고 때로는 혼나며 회사 생활에 점점 적응해 가고 있다.

오늘은, 실장님께서 Prototype of Secretarial Job Description을 주시며 해석해보고 비서의 업무에 대해 정리해 보라고 하셨다. 다행이 학교 다닐 때 수업 시간에 해석해 본 적이 있는 문서라서 아주 어렵게 느껴지지 않았다. 그리고 다시 한 번 비서의 업무에 대해 스스로 정리해 보는 시간을 가질 수 있어서 좋았다. 정말 비서의 업무는 A~Z. 모든 업무를 완벽히 처리 할 수 있게 더욱 똑똑하고 야무진 비서가 될 것이다!

그리고, 나에게 주어진 실장님으로 부터의 또 하나의 미션! 이제 어느 정도 회사 업무에도 적응을 해 가고 있으니 오늘부터 업무일지를 꾸준히 작성해 보는 것이다. 업무일지를 작성하면 업무 유형의 분류도 가능하고, 유형별 소요시간 파악도 가능하기 때문에 앞으로 업무 계획을 세울 때 아주 유용하게 활용할 수 있을 것이다. 평소에도 다이어리를 꼼꼼히 기록하는 나는 이것 만큼은 자신있다! ^^ 아자 아자 화이팅!

POINT❗

* 직무분석과 직무기술서의 정의 파악하기
* 세계비서협회(IAAP)의 비서표준직무기술서 해석하기
* 업무일지 작성의 중요성에 대해 학습하도록 한다!

Chapter

05

직무분석과
업무일지

 **학습
목표**　　직무설계와 직무분석 방법, Things to do list와 업무일지 작성에 대해 알아본다.

01
직무분석과
직무기술서

직무분석?
직무기술서?
너무 알쏭달쏭
하다~

MISSION **직무분석과 직무기술서의 정의를 알아보자**

▶ **직무분석**(Job Analysis)

종업원 각자의 작업 내용, 책임, 일의 난이도, 그 일을 하는 데 필요한 경비, 능률 등을 밝히는 것을 말함

▶ **직무기술서**(Job Description)

직무분석을 통하여 얻은 직무에 관한 자료와 정보를 직무의 특성에 중점을 두고 정리·기록한 문서로 다음 사항 등을 기술

- 직무표식(Job Identification): 직무명, 직무번호, 소속부서명 등
- 직무개요(Job Summary): 다른 직무와 구별될 수 있는 직무수행의 목적이나 내용의 약술
- 직무내용(Job Content): 구체적인 직무의 내용을 설명
- 직무요건(Job Requirement): 직무 수행에 필요한 책임, 전문지식, 정신적 신체적 조건 등

02

비서 표준 직무 기술서

(Prototype of Secretarial Job Description)

비서직에도 표준 직무기술 서가 있을까?

MISSION 비서직에도 표준 직무기술서가 있을까?

✎ 세계비서협회(IAAP)에서 제정한 비서직의 표준 직무 기술 12가지

Prototype Secretarial Job Description

A secretary relieves executives of various administrative details: coordinates and maintains effective office procedures and efficient work flows: implements policies and procedures set by employer: establishes and maintains harmonious working relationships with superiors, co-workers, subordinates, customers or clients, and suppliers.

Schedules appointments and maintains calendar. Receives and assists visitors and telephone callers and refers them to executive or other appropriate person as circumstances warrant. Arranges business itineraries and coordinates executive's travel requirements.

Takes action authorized during executive's absence and uses initiative and judgment to see that matters requiring attention are refereed to delegated authority or handled in a manner so as to minimize affect of employer's absence.

Takes manual shorthand and transcribes from it or transcribes from machine dictation. Types material from longhand or rough copy.

Sorts, reads, and annotates incoming mail and documents, and attaches appropriate file to facilitate necessary action: determines routing, signatures required and maintains follow-up. Composes correspondence and reports for own or executive's signature. Prepares communication outlined by executive in oral or written directions.

Researches and abstracts information and supporting data in preparation for meetings, work projects, and reports. Correlates and edits materials submitted by others.

Organizes material which may be presented to executive in draft format.

Maintains filing and records management systems and other office flow procedures.

Makes arrangements for and coordinates conferences and meetings. May serve as recorder of minutes with responsibility for transcription and distribution to participants.

May supervise or hire other employees: select and / or make recommendations for purchase of supplies and equipment: maintain budget and expense account records, financial records, and confidential files.

Maintains up-to-date procedures manual for the specific duties handled on the job.

Performs other duties as assigned or as judgment or necessity dictates.

팀과제

01

1) IAAP가 어떤 조직인지 인터넷을 통해 알아보자.

2) \<Prototype of Secretarial Job Description\>을 한국어로 번역해보고 비서직의 직무 12가지를 요약하여 서술해 보자. 또한 각 12가지 직무에 필요한 업무 양식은 어떤 것이 있는지 함께 써보자.

팀과제

02

졸업 후 비서로 취업한 선배를 직접 만나서

1) 현직 비서의 실제 담당 업무 내용과 순위를 조사해 보자.

2) 비서의 업무 중 전문 교육이 필요한 업무와 순위에 대해서 조사해 보자.

3) 비서의 업무 중 가장 영어를 필요로 하는 업무에 대해서 조사해 보자.

∠ '비서직무 분석 개발' 예제

책무(duty)	과업(task)
전화 업무	A-1 전화 응대하기 A-2 부재 중 메모하기 A-3 회의나 출장 시 전화 처리하기 A-4 상사나 담당자 전화 연결하기 A-5 상사의 요청에 따라 전화 연결하기 A-6 필요 없는 전화 차단하기
방문객 응대 업무	B-1 방문객 응대 준비하기 B-2 차/음료 등 접대하기 B-3 방문객 응대 및 통제하기 B-4 방문객 배웅하기
경조사 및 회의 업무	C-1 경조사 정보 수집하기 C-2 경조사 확인 및 연락하기 C-3 경조사 준비 및 운영하기 C-4 회의 준비 사항 협의하기 C-5 회의 장소 및 자료 준비하기 C-6 회의 참석자 관리하기 C-7 회의 중 업무 처리하기 C-8 회의 후 정리하기
일정 및 출장 관리 업무	D-1 상사와 일정 협의하기 D-2 일정표 작성 및 알리기 D-3 예정 변경시 연락 및 조정하기 D-4 일정에 필요한 교통편 준비하기 D-5 현장 현지 업무 및 환경 파악하기 D-6 출장 일정표 및 서루 작성하기 D-7 출장 수속 업무하기 D-8 출장 준비물 준비 및 전달하기 D-9 출장 경비 정산 후 출장 이후 업무 처리하기
문서 및 우편물 처리 업무	E-1 문서 작성 및 발신하기 E-2 문서 관리하기 E-3 일반 우편물 관리하기 E-4 전자 우편 관리하기

책무(duty)	과업(task)
사무환경 관리 업무	F-1 사무실 환경 관리하기 F-2 사무집기 관리하기 F-3 물품 주문 및 재고 관리하기
정보 수집 및 관리 업무	G-1 정보 습득에 관한 사항 협의하기 G-2 인적 정보 수집 및 관리하기 G-3 통상적인 자료 정리하기 G-4 개인 정보 및 기밀 정보 관리하기 G-5 정보 수집 결과 보고하기
기타 업무	H-1 사내 직원 교육하기 H-2 인사 추천 및 채용하기 H-3 경리 업무하기
자기관리 업무	I-1 시간 관리하기 I-2 스트레스 관리하기 I-3 이미지 관리하기

※ 출처: 현대비서학(대영문화사)

✍ **비서의 NCS(National Competency Standards: 국가직무능력표준)**
  (www.ncs.go.kr)

"국가에서 표준을 정한 비서직을 수행하는데 필요한 지식, 기술, 표준"

대분류	중분류	소분류	세분류
경영/회계/사무	총무/인사	일반사무	비서

순번	능력단위	수준	능력단위요소
1	경영진 지원업무	3	경영진 출퇴근업무/사무환경관리/경영진 신상정보/명함관리/경조사
2	경영환경 동향분석	5	조직 내부환경 파악하기/조직 외부환경파악하기/경영진동향분석하기
3	경영진 일정관리	4	경영진 일정계획하기/일정조율/일정표작성하기/예약업무하기
4	출장관리	4	경영진 출장 전 준비하기/중/후 업무하기
5	응대업무	3	경영진 전화연결하기/경영진 부재중 대하기/내방객 응대준비하기/내방 객선별/응대하기/내방객 방문 후 업무하기
6	보고업무	3	경영진의 업무 지시 받기/메시지 전달하기/경영진에게 업무보고하기
7	경영진 문서작성관리	4	문서 기획/작성/관리/전자문서 관리하기
8	회의 의전관리	5	회의기획/지원/회의 종료 후 업무하기/의전 업무하기
9	비서 사무정보관리	3	정보검색하기/정보기기관리하기/정보보안 유지하기
10	비서 영어 회화업무	5	외국어 전화응대/외국인 내방객 응대하기/일정에 따른 예약하기 업무보고 하기
11	영문서 지원업무	6	수신 영문서 내용 파악/영문서 작성 업무 지원/비즈니스 영문서 작성
12	경영진 예결산 관리	3	비서실 예산운영관리/경비처리/회계관리시스템 활용하기

03
업무일지 작성

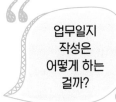

업무일지
작성은
어떻게 하는
걸까?

MISSION
업무일지에 대해 알아보자

▶ **얼마동안 ?** 최소 2~3개월에서 1년 동안 회사 Diary 노트에 기록

▶ **무엇을 ?** 업무진행 상황을

▶ **어떻게 ?** 매일 매일 작게는 15분, 30분에서 크게는 1시간 간격으로 기록한 것

▶ **유용한 점?** 비서업무를 효과적으로 수행할 수 있도록 해준다.

· 업무 유형의 분류 가능
· 유형별 소요 시간 파악 가능
· 개선점 부각
· 시기별 업무량 예측 가능 / 바쁜 시기 미리 대비
· 더 나은 업무 계획 수립에 기여

팀과제

🖐 03 업무일지의 양식을 인터넷에서 찾아보고 그랜드 인터내셔널에서 임진영 비서가
사용할 업무일지 양식을 만들어 다른 팀과 비교해 보자.

업 무 일 지 (예)

■ 일시: ○○○○년 ○○월 ○○일

오늘 해야 할 일	
상 사	저녁식사 예약, 부의금 챙기기, 오후에 김사장님과 통화 연결
비 서	문서 파일링, 주말동향 보고서 작성, 초청장 초안 작성

	시 간	지시사항	업무내용	확인
오전	08 : 30		• 출근	∨
	09 : 00	사장님 전화 업무지시 - 초대장 만들기	• 주변 정리/정돈 • 오전업무보고 마무리 정리	∨ ∨
	10 : 00	이재호 전무님 전화	※ 지시업무 진행사항 확인	
	10 : 20	사장님 입실 ★ 불충분한 업무 수정 지시 • 인터넷 서점/서적 조사하기	• 업무보고 및 업무지시 • 업무수정 및 보충(단자/신입사원 프로그램/국내외국항공사등급 표기법/주간일정표)	∨ ∨

	11 : 00	• 단자/영수증/
		  초청장 만들기
			• 태원(중국음식점) 점심식사 예약하기
			• 팩스보내기
			  (수신 : 가나대 김철수 교수님)
			• 팩스발송 여부 전화로 확인
				∨
				
				∨
				
				∨

	12 : 15		• 사장님, 김전무님과 점심식사 (전무님 차량 이동)	∨
오후	13 : 00	사장님, 김전무님 입실	• 차대접(사장님 블랙 커피, 상무팀 설탕 1스푼 + 프림 1스푼)	∨
	13 : 30		• 개인) 영수증 만들기 • 인터넷 서점/서적 조사	∨ ∨
	15 : 00	사장님께 업무보고	• 업무보고 (신입사원교육 프로그램 / 대차대조표, 손익계산서)	∨
	17 : 00	MKTG 회의	• 소회의실(차 serving)	∨
	18 : 00		• 초청장 보내기	∨
	18 : 30	K그룹 최이사님 전화	※ 내용) 금요일 오전 업무 검토	
	20 : 30		• 업무 마무리 정리	∨

작성자 ○○○

04 임진영 비서의 하루 일과이다. 다음 내용을 토대로 임진영 비서의 업무일지 양식을 채워보자.

오늘은 8월 14일 화요일. 골프 부킹을 해야 하는 날이다. 골프장 이름은 레이크 사이드CC이고 이곳은 매주 화요일 오전 9시부터 부킹이 시작된다. 인터넷으로 할 수 있으면 좋으련만 꼭 전화로 부킹을 해야 해서 너무 긴장된다. 얼마 전 새로 구입한 부킹 전화기가 있으니 그나마 좀 안심이지만, 매주 화요일은 골프 부킹과의 전쟁이다. 다행이 9시 08분에 전화가 걸렸고 가장 원하는 시간대는 아니었지만 이번 주 토요일 골프 부킹에 성공했다.

9시 30분에는 임원회의가 열릴 예정이다. 20분경에는 리마인드를 시켜 드려야 한다.

상무님께서 회의 중에 7통의 전화가 걸려왔다. 그 중 두 건은 아주 급한 건이어서 전화 메모를 통해 연결해 드렸다. 회의는 10시 45분경 끝이 났다. 나는 그 동안에 상무님의 점심약속(시청 프라자 호텔 한식당)이 예약이 잘 되어 있는지 확인하였고 우편물을 정리 하였다.

11시경에는 J 인터내셔널 한성희 상무께서 방문 하셔서 가볍게 담소를 나누셨다. 한상무님과 우리 상무님과는 대학교 동창관계시다. 11시 30분경 상무님께서는 점심 약속에 늦지 않기 위해 시청으로 출발하셨다. 상무님께서 한성희 상무님을 만나시는 동안에는 신문 스크랩을 하였다. 오늘 D일보에는 상무님 인터뷰가 크게 실렸다. 관계 자료를 스크랩하고 또 전화 8통 정도를 받으니 어느새 점심시간이다.

오후 2시경. 졸음이 몰려오는데 상무님께서 들어오셨다. 갑자기 제주도에 갈 일이 생기셨다며 내일 티켓을 알아봐 달라고 하셨다. 부랴부랴 항공사로 전화를 걸어 내일 오전 비행기표를 예약하였다. 당일치기 출장이라서 호텔 예약은 필요치 않았다. 전화는 왜 이렇게 많이 오는지, 걸려오는 전화를 받고 연결하는 것만으로도 오후 시간이 후딱 지나갔다. 3시 경에는 오후에 들어온 이메일을 체크하여 보고 드렸다. 또 점심 약속에서 만나신 분들의 명함을 받아 모두 빠짐없이 데이터베이스 파일에 입력하였다.

오후 4시경. 상무님께서 부르시더니 내일 제주도 출장에 필요한 자료라고 하시며 PPT로 보기 좋게 정리하라고 자료를 건네셨다.

내일 오전에 회사에 들르시지 않고 바로 비행장으로 가시기 때문에 오늘 퇴근 시까지 자료를 만들어야 한다. 여기저기서 출력하신 신문기사와 데이터들, 그리고 기존에 상무님께서 만들어 놓으신 자료까지 8장 정도였다. 자리로 돌아와 파워포인트 프로그램을 열고 문서를 편집하기 시작했다. 1시간 반이면 할 수 있을 것 같았는데 중간에 전화가 많이 걸려오는 바람에 5시 50분경에 자료가 완성되었다. 일단 마음에 드시는지 확인하기 위해 출력해서 가져다 드렸다. 몇 군데 손볼 곳을 말씀해 주시며 문서작업은 임진영씨가 최고라며 칭찬까지 해 주셨다. ^^ 아 너무 기분좋다.

수정을 마치고 상무님께서 퇴근하실 때 새롭게 출력한 출력물을 투명 파일에 끼워 봉투에 넣어 드리고 원본 파일이 담긴 USB까지 챙겨 드렸다. 상무님께서는 오후 6시 30분경 퇴근하셨다. 상무님께서 가시고 나서 이런 저런 작업을 마무리 한 후 오후 7시 10분경 나도 회사에서 나왔다.

MEMO

업 무 일 지

■ 일시: ○○○○년 ○○월 ○○일

오늘 해야 할 일	
상 사	
비 서	

	시 간	지시사항	업무내용	확인
오전				
오후				

작성자 ○○○

오늘 배운 내용 정리

✏️ IAAP의 〈Prototype of Secretarial Job Description〉에
기술된 비서의 중요한 12가지 직무 내용

·

·

·

·

·

·

·

·

✏️ 업무일지란? 업무일지를 쓰면 좋은 점들

비서 실무 멘토링

Chapter

06

업무계획 및
관리

JY's 업무일지

○○○○년 ○○월 ○○일

시 간		업무내용	비 고	확인
오전	09 : 00	Mr. Jobs Thank you mail 보내기		V
	09 : 30	임원회의	다과 준비	V
	11 : 00	고려 방직 / 최태원 상무 내방		V
오후	14 : 00	목요일 외부 회의 자료 준비		V
	15 : 00	신문 스크랩		V
	16 : 00	Mr. Hanes 내방		V
	17 : 10	OJT with 배수아 실장(업무계획 및 관리)		V

오늘 해야 할 일		방문객 스케줄			비고
할 일	확인	시각	방문객명	확인	
Mr. Jobs 이메일 발송	V	11 : 00	최태원 상무	V	
임원회의 다과 준비	V	16 : 00	Mr. Hanes	V	
회부회의 자료 준비					
신문 스크랩					

○ 오늘의 미션
- ✓ 비서가 담당해야 하는 업무 관리 알기
- ✓ Things to do 작성법에 대해 알아보기

JY's 다이어리

○○○○년 ○○월 ○○일

 제 목 ●● 업무계획 세우기

실장님의 지시에 따라 계속해서 업무일지를 작성하고 있다. 바쁜 날에는 사실 짐처럼 느껴지기도 했는데, 지속적으로 하다 보니까 이제 업무일지를 작성하지 않으면 왠지 마음이 서운해진다.

업무일지를 작성하다 보니, 신기하게도 업무계획을 수립할 수 있게 되었다. 손님면담은 평균적으로 얼마나 하시는지 등도 파악되어 상무님의 스케줄 관리가 조금은 손쉽게 되었다. 이와 더불어, 배수아 실장님께서 한 가지 팁을 더 주셨다. 오전에 오자마자 그날의 Things to do를 작성해 보라는 것이다. 아니면, 전날 퇴근 시에 작성을 해 놓고 가던가. 그러면 아침이 덜 분주하게 시작될 것이라고 하셨다. 당장 실행에 옮겨야지!

오늘 내가 할 일은 크게 다음과 같다.

1. 오전 임원회의 준비

2. 11시 / 4시 손님응대

3. 이번주 목요일 예정 된 외부 회의 자료 준비

4. 신문 스크랩

매일 매일의 Things to do list 작성과 업무일지 작성! 유능한 비서가 되는 첫 걸음인 것 같다.

POINT !

• 비서가 담당해야 하는 업무 관리에 대해 알아보기

• Things to do 작성법에 대해 알아보기

• 그 밖의 효율적인 업무관리를 위해 할 수 있는 일들에 대해 학습하도록 한다!

업무계획 및 관리

 학습 목표 | 비서의 일과 상사의 업무를 동시에 관리하는 방법을 소개하고 숙지한다.

01

업무 계획

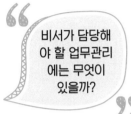

"
비서가 담당해
야 할 업무관리
에는 무엇이
있을까?
"

MISSION 효과적인 업무계획에 대해 알아보자

> ### 비서가 담당해야 하는 업무 관리는 크게 두 가지!

첫째, **상사를 위한 업무관리**: 상사의 업무 진행 방식, 가치관, 습관 등 고려
둘째, **비서 자신의 업무관리**: 업무능률을 향상 시키고 자기계발 측면도 고려

비서의 업무는 일정량이 규칙적으로 발생되는 것이 아니기 때문에 비서 자신이 업무의 내용과 양, 소요 시간 등을 분석하고 계획을 세워 일을 처리해야 한다.

> ☑ **업무계획 수립의 원칙**
> - 매일의 작업계획(things to do) 세우기
> - 일을 분산처리하며(peak time 고려)
> - 업무 일정을 수행한다!

▶ **업무일지 작성 및 분석**: 업무량이 많은 시기를 예측하여 업무량이 적을 때 사전에 대비

· 연말대비: 연하장 발송 주소록 확인 / 봉투 레이블 출력
· 필요한 비품 주문 및 구매
· 주소록 및 명함 관리
· 문서의 이관 및 폐기

▶ **체크리스트 사용**

· 업무의 추진 상황 기록
· 시간 절약 및 실수 방지

▶ 그 밖에

· 시간적으로 너무 빡빡한 계획은 금물
· 충분한 시간 안배(loss time 고려)
· 장기 프로젝트의 경우, 중간 마감일 또는 확인지점(deadline) 설정

01 비서에게 업무량이 많은 시기로 위에서는 연말이 언급되었다. 이 때를 제외하고 업무량이 많을 것으로 예상되는 시기는 언제가 또 있을지 생각해 보자.

02 업무 계획 (Things to do list) 작성

MISSION 업무계획 작성과 우선순위의 결정에 대해 알아보자

- 금일 혹은 금주 내 처리해야 할 업무의 list작성/ 수시로 진행사항 확인
- 매일 아침 업무 시작에 앞서 그날의 일과(Things to do)를 계획
- 우선순위대로 업무 처리 → Priority 'A', 'B', 'C'로 분류

> 업무 계획
> (Things to do
> list) 작성
> 어떻게 해야
> 할까?

Check!

- 우선순위의 결정 어떤 순서로 하면 좋을까요?

  즉시 처리 할 일 〉 오늘 중으로 끝내야 할 일 〉 시간 나는 대로 하면 될 일

- 긴급한 일과 중요한 일의 처리는 무엇부터 해야 할까요?

  긴급 사항이란 지금 당장 해결하여야 될 사항이고, 중요한 사항이란 기업의 목표 달성에 상당한 가치의 비중이 있는 사항인데 이때에는 처리 방침을 명확히 하여 우선순위를 정하도록 한다.

- 우선순위 결정 고려 요인이 있나요?

  마감일(deadline), 시간의 소요 정도, 내용의 중요도, 상사의 의향 등 여러 고려요인이 존재. 하지만 상사의 가치관, 업무 처리 방식을 고려하여 상사의 기준에 맞추어 우선순위 결정 하는 것이 중요함

▶ **업무 계획 시 고려사항**

- 일주일 내 처리해야 할 모든 업무 포함
- 캘린더 이용하여 주요 이벤트 기록유지
- Things to do list는 시선이 머무는 곳에 위치
- 당일 업무 마감 시 완료 되지 않은 업무는 다음 날 things to do list로 이관

02 다음은 임진영 비서가 오늘 할 일들이다. 팀원들과 우선순위를 결정하여 Priority A, B, C로 나누어 등급을 매겨보자. 또 우선순위를 그렇게 정한 이유에 대해서 이야기 해 보자.

오늘의 할 일 목록(Things to do list)

우선순위	업무내용	실시 여부
	만찬(6시) 장소 변경 연락(K전무님, S부장님)	
	운전기사께 변경된 장소 연락	
	긴급 결재 두건 상신	
	오전 11시 회의 준비	
	오전 11시 회의 자료 복사	
	신문 스크랩	
	광주 출장 여비 정산	
	내일(토요일) 축의금 준비	

팀과제

03 임진영 비서가 회사에서 사용하는 할 일 목록 리스트(Things to do list) 양식을 만들어보고 다른 팀과 비교하여 보자.

04 일주일 동안 자신이 해야 할 일들의 리스트를 적은 후 우선 순위를 매겨 팀원들과 비교해 보자.

배수아 실장의
현장이야기 06

실장님, 효율적인 업무 계획 수립의 노하우가 있으신지요?

Answer

네. 저의 노하우라고 하자면 상사와의 잦은 면담과 Things to do list작성이라고 할 수 있습니다. 저는 하루에도 3~4번씩 상사와 면담과 보고를 통해서 업무를 철저히 계획하고 있습니다.

오전 업무를 시작하기 전 사장님께 차를 드리면서 그날 해야 할 일들과 필요하신 사항들을 꼭 확인합니다. 그리고 10시 30분에서 11시경에 점심시간까지 마쳐야 할 일이 있는지 다시 한 번 확인합니다.

사장님께서 오찬을 마치시고 들어오시면, 오후에 산뜻한 차를 내어 드리며 오후 일정이 변경된 것이 있는지 확인합니다. 마지막으로는 퇴근하시기 전 내일의 업무에 대해 사장님과 함께 점검을 하며 이야기를 나눕니다.

처음에는 사장님과 이야기하기가 보통 어려운 일이 아니었는데 이젠 오히려 잦은 커뮤니케이션으로 인해 업무의 효율이 높아지다 보니 사장님께서도 더 만족해하시고 신뢰감이 쌓이는 것 같습니다. 수시로 보고를 지속적으로 하고, 결과를 바로바로 알려드리면 일을 잘하고 있다는 느낌을 상사가 받으시는 것 같아요. 절대 상사로부터 '배실장, 그 일 어떻게 진행되고 있어요?'라는 말을 듣지 않게 미리 보고하는 습관을 길러야 합니다!

비서는 상사의 방에 수시로 들락거리기 때문에 커뮤니케이션의 기회는 언제든지 가질 수 있습니다. 상사를 어려워만 하지 말고 잦은 커뮤니케이션을 유도한다면 여러분의 상사도 열린 마음으로 여러분을 받아들이실 것이라고 확신 합니다. ^^

오늘 배운 내용 정리

✏️ 비서가 담당해야 하는 업무관리 두 가지와 각각 고려해야 할 사항들은?

✏️ 우선순위는 다음의 순으로 결정합시다.

- 즉시 처리 할 일
- 오늘 중으로 처리 할 일
- 시간나면 해야 하는 일

✏️ 중요한 일과 긴급한 일이 있을 때 어떻게 처리해야 할까?

Chapter

07

예약 업무

JY's 업무일지

○○○○년 ○○월 ○○일

	시 간	업무내용	비 고	확인
오전	07 : 30	조찬 모임	프라자 호텔	∨
	09 : 30	상무님 사장님 보고	자료 준비	∨
	10 : 00	비행기 예약		∨
	11 : 00	호텔 예약		✕
오후	15 : 30	MKTG 팀 회의	상무님실	∨
	18 : 30	만찬(다정해 모임)	라마다 르네상스 3F	∨
			(사파이어 Hall)	

오늘 해야 할 일		방문객 스케줄			비 고
할 일	확인	시각	방문객명	확인	
뉴욕행 비행기 티켓 예약	∨	15 : 00	한형 물산 / 김태준 전무		
뉴욕 다운타운 호텔 예약	✕				

⏱ 오늘의 미션

✓ 비행기 예약 업무

✓ 숙박업소 예약 업무 알아보기

JY's 다이어리

○○○○년 ○○월 ○○일

 제 목 ●● 처음 해보는 해외출장 업무. 예약할 사항들이 왜 이리 많아?

오늘 갑자기 상무님의 해외 출장 일정이 잡혔다. 20일 후에 미국으로 출장을 가시게 되었다. 비행기 예약부터, 숙박업소 예약, 그리고 렌트카 예약... 해야 하는 예약 업무가 끝이 없는 것만 같다... 첫 해외출장 준비. 정말 잘 해내고 싶다!

비행기 예약부터 해야 하는데 상무님은 당연히 가장 좋은 좌석인 First Class를 타시는 줄 알고 그렇게 예약을 하려고 했다가, 배수아 실장님께서 우리회사 출장관련 예비규정에 따라 상무님은 2등석까지 탑승 가능하시다는 것을 알려주셨다. 배실장님 아니면 어이없는 실수를 할 뻔했다. 호텔도 마찬가지! 정해져 있는 등급을 이용하셔야 하기 때문에 그에 맞는 예약을 해야 했다. 결국 그런데 호텔 예약은 오늘 하지 못했다. 내일 가서 이것부터 처리 해야지...

호텔 정보를 알아보려고 각 호텔의 홈페이지에 들어가 보았는데 죄다 영어로 되어 있어서 머리가 아파왔다. 훌륭한 비서가 되려면 영어공부 열심히 해야 한다는 교수님들의 말씀이 하루 종일 귓가에 울리는 날이었다. 더 열심히 해둘걸... 후회도 되고.. 흑흑. 하지만 후회만 하고 있을 수는 없는 법! 또 다시 힘내서 오늘 부터라도 영어공부까지 열심히 하는 비서가 되야겠다!

▶ POINT ❗

- 교통편 예약업무(비행기, KTX, RENT - A - CAR) 알아보기
- 숙박업소 예약업무에 대해 알아보기
- 그리고 음식점 예약 업무 시 알아두어야 할 사항들에 대해 학습하도록 한다!

 학습
목표 | 여러 상황에서의 예약업무(교통편, 숙박업소, 음식점 등의 예약)에 대해 공부한다.

01

비행기 예약 업무

비행기 예약 업무에 대해 알아보자

> 비서가 상사를 위해 주로 예약하게 되는 교통편에는
> 비행기, KTX, RENT – A – CAR 등이 있다.

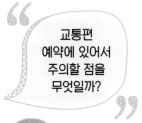

교통편 예약에 있어서 주의할 점을 무엇일까?

　　비서는 기본적으로 상사가 선호하는 항공사와 좌석의 위치(창가 쪽 / 복도 쪽 / 맨 앞좌석 등)를 알고 있어야 하며 항공사 마다 마일리지 카드 번호를 알고 있어 마일리지 누적을 관리해야 한다.

◎ 상사의 출장 일정이 확정되면 회사의 출장 여비 규정에 맞추어 항공편을 예약

◎ 상사가 선호하는 항공사를 1순위로 하고 만일 자리가 없다면 상사의 이름을 웨이팅 리스트(waiting list)에 올리고 웨이팅 몇 순위 인지 체크해야 하며 일단 다른 항공사의 좌석을 확보

◎ 예약 시 비서가 알고 있어야 하는 정보와 확인(check)해야 하는 정보
　• 출발일과 도착일의 날짜와 목적지
　　(대도시의 경우 정확한 공항명까지 확인)
　• 상사의 영문 full name(여권과 동일하게)
　• 해당 항공사의 마일리지 카드 넘버
　• 희망하는 좌석의 등급 및 좌석의 위치
　• 비즈니스석 이상의 경우 기내식 메뉴(meal plan) 선정
　• 비행기 편명, 좌석 번호, 예약번호 확인(챙겨드린다)

▶ **수하물 규정 체크**

(비행기 등급마다 최대 허용 피스와 중량이 다름으로 꼼꼼히 확인할 것, 또한 기내에 반입할 수 있는 짐의 무게에도 조건이 있음으로 같이 확인할 것)

▶ **티켓 제약 조건 확인**(할인율이 큰 항공권의 경우 추후 노선이나 일정의 변경이 불가할 수 있음)

· 취소할 경우의 환불 조건도 확인
· 출발 예정일 2~3일전 다시 한번 예약확인 후 출발 당일 아침에도 비행기가 예정대로 뜨는지 확인할 것(비행기는 날씨에 민감한 교통편)

팀과제

01 국내선 항공권 예약에 대해 조사해 보자.

(대한항공 홈페이지에 들어가서 다음의 사항을 확인해 보자.)

1. 국내선을 타고 갈 수 있는 지역으로는 어디가 있는지 조사해 보자.
   (상사의 근무지와 댁은 서울이다.)

2. 국내선 이용할 수 있는 좌석의 등급에는 어떤 것들이 있고 등급별 차이점은 무엇인지 조사해 보자.

3. 마일리지를 적립하고 싶으면 어떻게 해야 하는지 알아보자.

4. 국내선의 경우, 최대 허용 수하물이 어떻게 되는지 등급별(일반석 VS 프레스티지석)로 조사해 보자.

5. 제주도 출장을 가실 경우 일반석과 프레스티지석의 항공권 가격차이는 어느 정도인가?

6. 같은 내용을 아시아나 항공 홈페이지에 들어가서 조사해 보고 두 항공사를 비교한 후 문서로 작성해 보자.

팀라제

02 국제선 항공권 예약에 대해 조사해 보자.

(대한항공 홈페이지에 들어가서 다음의 사항을 확인해 보자.)

1. 국제선의 좌석의 등급에는 어떤 것들이 있고 등급별 차이점은 무엇인지 조사해 보자.

2. 국제선의 경우 최대 허용 수하물이 어떻게 되는지 등급별(일반석 VS 프레스티지석 VS 일등석)로 조사해 보자. (국제선의 경우 미주 구간과 미주 외 구간의 수하물 규정이 다르므로 이점에 주의!)

3. 같은 내용을 아시아나 항공 홈페이지에 들어가서 조사해 보고 두 항공사를 비교한 후 문서로 작성해 보자.

팀라제

03 김현준 상무는 다음 달 중순 경 미국 출장을 갈 예정이다. 출장지는 직항으로 갈 수 있는 도시가 아니라 취항지 이외의 도시 중 하나인 텍사스주에 있는 Austin이라는 도시이다. 김현준 상무는 임진영 비서에게 가능한 항공편을 3~4개 정도 조사하여 정리해서 가져다 달라고 부탁하였다. 대한항공 홈페이지에 들어가서 항공편을 조사해 보도록 하자. 그리고 총 비행시간과 경유시간을 고려하여 가장 적절하다고 생각되는 항공편을 추천해 보도록 하자. (출발일자는 다음 달 중순경으로 하고 체류기간은 약 10일 정도로 잡도록 한다.)

02
KTX 예약 업무

KTX 예약 업무에 대해 알아보자

국내 출장의 교통편은 근거리의 경우 자가용을 이용, 원거리의 경우 비행기를 주로 이용하게 되지만, KTX 예약방법 역시 비서가 알아두어야 할 사항이다.

- 📍 승차권을 예약하기 위해 한국 철도 공사 홈페이지(www.korail.com)에 접속

- 📍 객실은 특실과 일반실이 나누어져 있음으로 예약시 참고

- 📍 예약 시 비서가 알고 있어야 하는 정보와 확인해야 하는 정보
  - 가는 일시와 오는 일시 그리고 출발 역명, 도착 역명
  - 희망하는 객실의 등급 및 좌석의 위치(1인석? 순방향?)
  - 열차번호, 좌석 번호, 예약번호 확인

팀과제

⏱ 04 오늘 오전 8시 45분경. 김현준 상무는 갑자기 부산을 가게 되었다며 오늘 6시까지 부산 회의장에 참석할 수 있도록 비행기표를 알아봐 달라고 지시했다. 부랴부랴 항공사에 전화했더니 오늘 탈 수 있는 비행기표는 모두 만석이었다. 보고를 드리니 김현준 상무는 그럼 KTX를 알아봐 달라고 하셨고, 부산역에서 회의장까지는 택시로 20분이면 갈 수 있는 거리니 그 점을 고려하여 서둘러 예매를 부탁한다고 했다. 실제 KTX예약 화면을 조회하여 회의장에 늦지 않게 갈 수 있는 열차의 시간대를 조사해 보도록 하자. (출발은 서울역을 이용한다. 점심 약속은 중요한 선약이 있어서 깰 수 없는 상황이며 점심식사를 마치시는 시각을 1시경이 될 것 같다. 점심장소에서 서울역까지는 30분 정도의 거리이다.)

팀과제

💡 **05** 다행히도 김현준 상무의 부산 출장은 차질 없이 이루어졌다. 이 일이 있은 후 임진영 비서는 비행기를 타고 가고 싶어도 급하게 예약을 할 경우에는 표가 없을 수 있다는 점을 깨달았다. 오늘과 같은 만일의 사태를 대비하기 위해서 KTX가 운행되는 구간을 미리 알아 두려고 한다. KTX가 정차하는 정차역들을 조사해 보도록 하자.

03

RENT - A - CAR 예약 업무

 MISSION

Rent - A - Car 예약 업무에 대해 알아보자

해외 출장 시 Rent - A - Car를 이용하게 될 경우 국제운전면허증의 준비는 필수이다. 다음을 참고 하도록 하자.

항 목		내 용
구비서류	본인 신청 시	본인 여권, 운전면허증, 여권용 사진 또는 칼라 반명함판 1매
	대리인 신청 시	본인 여권 또는 출입국사실증명서, 운전면허증, 여권용사진 또는 칼라 반명함판 1매, 대리인 신분증, 위임장(대리 신청은 해외 체류자가 출국일로 1년이 경과되지 않은 경우만 가능)
신청장소		전국운전면허시험장
수수료		7,000원
소요시간		30분
유효기간		발급일로부터 1년
운전이 가능한 국가		한국에서 발급받은 국제운전면허증으로 제네바 가입국에서 운전 가능

출처: 네이버 '국제운전면허증' 컨텐츠 검색

💡 해외 출장지에서 자동차를 빌릴 경우 이용할 수 있는 싸이트
  (한국 홈페이지가 있어서 예약이 편리하다)
  · www.hertz.co.kr
  · www.alamo.co.kr

💡 자동차를 빌리는 도시 또는 공항코드(주로 공항에서 빌리게 되므로)로 빌리는 장소를 선택

💡 상사와 의논하여 차량의 종류(소형/ 중형 / 밴 등)를 선택

💡 추가 장비가 필요할 경우 함께 예약(네비게이션 등)

💡 예약 시 비서가 알고 있어야 하는 정보와 체크해야 하는 정보
  · 상사의 영문 FULL NAME
  · 출장지에 도착하는 비행기 정보 및 공항 정보
  · 예약확인서를 받을 email

팀과제

🎤 06 김현준 상무는 다음 달 중순경 미국 시카고(일리노이주 위치)로 장기 출장을 가게 되었다. 미국에서 공부를 한 김현준 상무는 그곳에서의 운전이 서툴지 않으며 매번 택시로 이동을 하느니 RENT - A - CAR를 이용하고 싶다고 하였다. 헤르츠와 알라모 싸이트(위 본문 중에 학습한)에 접속하여 실제로 렌트카를 예약해 보는 연습은 해 보도록 하자. (빌리는 날은 다음주 중순경으로 하고 반환하는 날은 그로부터 일주일 뒤로 잡아 예약을 연습 한다.) 두 싸이트에서 예약 절차에 따른 예약을 진행해 보고 차이점이 있는지, 가격은 어느 정도 차이가 나는지 비교해 본다. (픽업장소는 시카고 오헤어 인터내셔널 공항이다.)

04

숙박업소 예약 업무

> 숙박업소 예약에 있어 주의할 점은 무엇일까?

MISSION 숙박업소 예약 업무에 대해 알아보자

숙박업소를 예약할 시에도 회사의 출장 여비 규정을 따르도록 한다.
또한 출장지에서 업무를 보기에 용이한 곳으로 호텔을 선정하도록 한다.

◉ 상사의 출장 일정이 확정되면 회사의 출장 여비 규정에 맞추어 호텔을 예약
· 해외호텔의 경우 전화, 이메일, 팩스, 호텔 홈페이지를 이용한 예약 및
전담 여행사를 통한 예약이 있을 수 있다.

◉ 출장지에 지사가 있는 경우 지사와 연락하여 호텔 예약
(유용한 local 정보 이용)

◉ 상사가 출장지에 선호하는 호텔이 있는지 확인하고, 전망과 객실타입도
상사의 취향을 고려하여 선정

▷ **예약 시 비서가 알고 있어야 하는 정보와 체크해야 하는 정보**

· check-in 날짜와 check-out 날짜
· 객실타입(싱글, 더블, 스위트 룸)과 전망
· 해외 호텔의 경우 상사의 영문 full name(여권과 동일하게)
· 호텔의 이름, 주소, 전화번호
· 상사의 신용카드번호(deposit용)
· 예약번호
· 공항에서 호텔까지의 셔틀버스 운행 여부
(제공치 않는다면 공항에서 호텔까지의 거리)
· 취소 시 환불 규정도 체크

 Tip!

late check-in 하게 될 경우 미리 호텔측에 알려주세요~!
호텔의 check-in시간은 일반적으로 2시~3시 경이다. check-in시간
보다 너무 늦게 도착하게 될 경우 호텔에 전화를 하여 그 점을
미리 알려 주는 것이 좋다.
어떤 호텔의 경우, 연락이 없으면 예약자가 show up하지 않은
것으로 간주하고 예약을 일방적으로 취소하고 다른 투숙객을 받는
경우도 있기 때문이다.

07 다음은 김현준 상무가 다음 달 한국으로 내방 할 미국지사에 있는 Johnson Walker 부사장과 전화 통화 하며 메모한 사항들이다. 임진영 비서가 Walker 부사장을 위해 추천해 드릴 수 있는 호텔에는 어떤 호텔들이 있는지 조사해 보고 3군데 정도의 호텔을 비교하여 문서로 만들어보자.

> 날짜: 다음달 5, 6, 7일
>
> 강남구 위치 must
> 미팅룸과 레스토랑 갖춘 곳
> 금연룸
> 킹 사이즈 침대 선호

08 김현준 상무는 다음달 14, 15, 16일 제주도 출장을 가게 되었다. 국내출장의 경우 김현준 상무가 투숙할 수 있는 호텔의 등급은 특급으로 정해져있다. 김현준 상무는 제주도를 갈 경우 바다가 보이는 룸(sea side view)을 선호하며 객실의 타입은 침대 보다는 온돌방을 선호한다. 임진영 비서는 어떤 호텔로 숙박 예약을 하면 좋을 지 팀원들과 상의하여 결정해 보자.

팀과제

09 다음은 김현준 상무의 미국 출장과 관련된 세부 자료와 상무님으로 부터의 메모이다.

- 출장기간: 다음달 7일 ~ 10일 까지
- 출장지: 미국 뉴욕
- 출장목적: 회의 참석
- 교통수단: 국내항공사(direct / non-stop) 이용(대한항공 선호) 2등급까지 이용 가능
- 숙박호텔: 특급호텔 이용가능

진영씨.
하루 전에 미국 도착하게 해주고
11일날 출발하게 해줘요.
비행기는 복도측
호텔은 센트럴 파크 근처로 부탁해요.

1) 가능한 항공편을 조사해 보자.

2) 어디서 숙박할 것인가?

3) 2번에서 선정한 호텔에 김현준 상무의 방을 예약하는 방법에는 어떤 것들이 있을까?

4) 뉴욕 JFK공항에서 RENT - A - CAR를 픽업하려고 한다. 출장기간동안 렌트할 경우 견적서를 뽑아 보자.

5) 교통편, 숙박시설을 예약할 때 주의해야 할 점들을 정리해 보자.

05
음식점 예약 업무

MISSION

음식점 예약 업무에 대해 알아보자

선임 비서에게 상사가 자주 이용하는 음식점 리스트를 인수 받지 못했다면, 스스로 DB에 정리하도록 한다. 음식점의 이름, 주소, 전화번호, 주 메뉴, 상사 방문 후 코멘트, 중요 거래선 접대 후 상사의 코멘트 등을 기록해 놓으면 유용하게 사용할 수 있다.

숙박업소 예약에 있어 주의할 점은 무엇일까?

▶ **예약 시 비서가 알고 있어야 하는 정보와 체크해야 하는 정보**

- 예약 일시 및 예약 인원
- 룸으로 할 지, 홀로 할 지 결정(중요한 미팅의 경우 주로 룸에서 진행됨)
- 룸으로 반드시 예약해야 하는데, 룸이 없을 경우 일단 웨이팅 리스트에 올림
- 상사와 상의 하여 다른 음식점으로 예약(이때 예약 받은 사람의 이름을 반드시 물어봄)
- 회의 겸 열리는 오찬 / 만찬의 경우 미리 메뉴를 선정하는 경우도 있으므로 이 경우 상사와 상의하여 메뉴를 선정하도록 함
- 정확한 주소 및 주차장 시설 확인
- 해외 바이어 접대의 경우 나라별로 금기 하는 음식이 있으니 메뉴 선정 시 주의

10 다음을 읽고 왜 이런 일이 발생했는지 생각해보도록 하자.

김현준 상무는 오찬 모임에 다녀오신 후 얼굴 표정이 좋지 않았다. 임진영 비서를 호출 하더니, "오늘 중요한 자리였는데 예약을 그런 식으로 하면 어떻게 하나?"라고 말씀하셨다. 당황한 임비서는 무엇이 잘못된 건지 묻자, "분명히 방으로 해 달라고 했는데 홀로 예약이 되어 있고, 사람도 엄청 많은 시간에... 겨우 만난 분들과 중요한 이야기는 하나도 못하고 헤어졌잖아요. 다음부터는 실수 없도록 해 주세요."라고 단호히 말씀하셨다.

기억을 더듬어 보니, 예약 시 음식점에서 룸이 만석이니 누군가 취소를 하면 꼭 룸으로 변경을 해 주기로 했는데 그 뒤로 임진영 비서도 업무가 너무 바빠 음식점에 전화하여 그 부분에 대하여 확인하지 않았던 것이다.

팀과제

11 나라별로 금기시 하는 음식에는 무엇이 있는지 조사 하여 발표하고 금기시 되는 음식은 주로 그 나라의 무엇과 관련이 있는지도 함께 생각해 보자.

팀별로 조사하여 각 나라의 문화에 대해 지식을 공유해 보자.

배수아 실장의
현장이야기 07

Question

실장님, 예약 업무 하시며 실수 하신 적이 있으신지요?

Answer

그럼요 있고말고요. 사장님께서 미국으로 해외 출장을 가시게 되었어요. 아주 촉박한 일정이 아니었기에 비행기 티켓은 당연히 있겠지 하고 항공사에 전화를 걸었더니 그때가 마침 성수기여서 좌석의 예약이 어렵더라구요. 그래서 일단 웨이팅 리스트에 올리고 시간적으로 좀 여유가 있던 터라 기다리면 되겠지... 하고 막연히 생각했었어요. 그런데 출발일이 일주일 앞으로 다가왔는데도 자리가 나지 않는거에요. 진작 보고를 드렸어야 했는데 그냥 기다리면 자리가 나오겠지... 하고 믿고 있다가 보고도 안드렸거든요.

그래도 더 이상 지체할 수 없어 그제서야 말씀을 드렸더니, 빨리 가능한 모든 항공사를 알아보라고 하셔서 하는 수 없이 국적기가 아닌 외항사를 이용하셔서 미국에 가게 되셨어요. 처음 타보시는 항공사라서 저도 걱정이 이만 저만이 아니었지요. 다행이 미국에 잘 다녀오셨고, 사장님께서 탑승권을 주시며, 마일리지 누적 부탁한다고 하시는데, 아뿔싸! 출발하기 전에 해당 항공사의 멤버쉽에 가입했어야 마일리지 누적이 된다는 것을 그제서야 알게된 거에요.

원하시는 비행기도 못타고 가시고, 게다가 마일리지 누적까지 놓쳤으니 너무 죄송해서 한동안 고개를 들 수 없었답니다. 거의 모든 항공사가 비행기를 이용하기 이전에 멤버쉽에 가입해야 마일리지 누적을 해준답니다. 여러분도 이점 잊지 마시구요. 그리고 비행기, 호텔, 음식점 등 어떤 예약이든, 예약하실 때는 담당자 이름을 꼭 물어보고 내용에 대한 확인 또 확인! 재확인! 절대 잊지마세요!

오늘 배운 내용 정리

✎ 비행기 예약 업무를 위해 비서가 알아야 할 사항들을 생각해 보자.

✎ 호텔을 예약할 시에 주의해야 할 점들에는 무엇이 있을까?

✎ 음심적을 예약할 시에 비서가 신경써야 하는 부분에는 어떤 점들이 있을까?

Chapter
08

손님 응대업무

JY's 업무일지

○○○○년 ○○월 ○○일

	시 간	업무내용	비 고	확인
오전	09 : 00	출장 보고서 작성		V
	09 : 30	강상익 전무 내방	커피 취향 재확인	V
	10 : 50	한상현 사장 내방		V
				V
	11 : 50	오찬(with 박현혜 상무)	촌장골	V
				V
오후	15 : 30	J인터내셔널 방문	기사님 약도 전달	V
	17 : 00	팀아이디어 회의(with 외부 손님들)	상무님실	V

오늘 해야 할 일		방문객 스케줄			비고
할 일	확인	시각	방문객명	확인	
출장 보고서 작성	V	09 : 30	강상익 전무		
내방객 많으니 신경 쓸 것		10 : 50	한상현 사장		
팀원들에게 아이디어 회의 remind					

오늘의 미션

✓ 손님 응대에 대한 상사의 기호
   파악하기

✓ 약속이 되어 있는 손님 응대 시
   주의점 파악하기

✓ 손님 배웅 시 주의점 파악하기

JY's 다이어리

○○○○년 ○○월 ○○일

 제 목 ●● 손님 응대

　오늘은 하루 종일 손님응대의 날이었다. 요새 상무님께서 새로운 프로젝트를 시작하셔서 그에 따라 만나셔야 할 분들이 너무 많아 지셨다. 거기다가 개인적으로 찾아오시는 상무님의 지인분들까지 해서.. 오늘 하루에 나른 커피잔만 해도 몇 잔인지 모르겠다. 하지만, '우리 상무님의 커피는 나 임진영표 커피가 가장 맛있다'라는 생각으로 열심히 커피를 만들고 있다. ^^ 내가 하는 모든 일에 프로 의식을 가진다면 정말 언젠가는 배설장님 같은 멋진 전문 비서가 될 것 같다.

　오늘은 상무님께 칭찬을 받았다. 지난 번 오셨던 K전무님의 커피 취향을 메모해 두고 오시기 전에 다시 한번 체크해 두었는데, 마침 오늘도 K전무님께서 커피를 부탁하시길래, "네, 전무님. 지난번처럼 설탕 2스푼에 프림 2스푼 맞으신지요?" 하고 물었더니 K전무님께서 웃으시며 우리 상무님에게 "자네 아주 똘똘한 비서를 두었군" 하시며 칭찬해 주시는 것이 아닌가! K전무님께서 돌아가시고 난 뒤 나에게 "진영씨, 센스있네! 덕분에 K전무와의 미팅이 아주 분위기가 좋았어요." 하고 말씀해 주셨다. 아 하늘을 나는 것만 같았다 ^^

　비서로서, 많은 분들의 손님을 응대할 때 가장 중요한 점은 늘, 진심을 다해 손님을 응대하는 것일 것이다. 항상 손님의 입장에서, 너무 오래 기다리시는 건 아닐까? 더 필요하신게 있으실까? 어떤 도움을 드려야 할까? 를 고민하는 나 임진영이 될 것이다!!

▶ POINT !

- 손님응대에 대한 상사의 기호 파악하기
- 손님의 3가지 유형 알아보기
  (약속하신 손님/약속이 안 되어 있는 손님/상사와 개인적으로 약속한 손님)
- 손님의 응대 시 주의 점 파악하기
- 손님 배웅 시 주의점 파악하기에 대해 학습하도록 한다!

손님 응대업무

 학습
목표 | 여러 상황에서의 손님응대 업무에 대해 공부한다.

비서는 우선 손님 응대에 대한 상사의 기호를 파악해야 한다.
우선 첫 번째로 확인해야 할 점은,

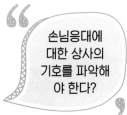

손님응대에 대한 상사의 기호를 파악해야 한다?

나의 상사는 방문한 손님은 누구든지 만나는가?

▶ 그렇지 않다면, 다음과 같은 점들을 파악해야 한다.

• 선약 없이 내방해도 만나는 손님들은 누구인가?

• 상사가 만나기를 꺼려하는 손님들이 있는가? 있다면 누구인가?
(영업사원, 자선단체 등)

• 그런 내방객들을 비서가 어떻게 응대하기를 바라는가?

• 손님이 예정 된 시간보다 오래도록 지체하는 경우 비서가 어떻게 하기를 바라는가?

01 비서가 손님응대 시 가져야 할 마음가짐에 대해 생각하고 적어보도록 하자.

비서의 손님 응대
Check
List

확 인 사 항	Yes	No
• 내방객을 공손하며 진실되게 응대했습니까?		
• 업무를 보던 중 내방객이 오시면 하던 일을 멈추고 자리에서 일어나 반갑게 인사하였습니까?		
• 내방객의 이름이나 직책명을 정확히 불렀습니까?		
• 내방객을 복장이나 용모로 차별하지는 않았습니까?		
• 설명없이 5분 이상 내방객을 기다리게 하지는 않았습니까?		
• 손님이 여러 분 있는 경우, 그 중에서 친한 손님하고만 대화하지 않았습니까?		
• 내방객의 정보를 알기 위해 상대방이 불쾌감을 느낄 정도로 캐묻지는 않았습니까?		

상사를 찾아오는 손님의 유형은 크게 세 가지로 나누어진다.

손님에도
유형이 있다?

• 약속이 되어 있는 손님
• 약속이 되어 있지 않은 손님
• 상사와 개인적으로 약속하고 온 손님

비서는 내방객의 유형을 파악하여 그에 맞는 응대를 하도록 한다. 특히 약속이 되어 있지 않은 손님의 응대는 비서의 재치와 기지가 필요하므로 잘 대응하도록 한다.

01

약속이 되어 있는 손님의 응대

약속이 되어 있는 손님의 응대에 대해 알아보자

약속시간에 맞추어 미리 접견실을 정리하고 면담에 필요한 자료를 정리해둔다. 오시는 손님의 비서에게 전화를 걸어 다과나 음료의 취향 등을 물어 놓는 것도 좋은 팁이 된다. (예 커피를 드실 경우 어떻게 드시는지)

- 방문객의 차량이 경비실을 지날 경우에는 미리 방문객의 정보(소속, 직위, 차량번호)를 알려주고 예의에 어긋나지 않는 응대를 부탁
- 손님이 비서실로 들어서면 하던 일을 멈추고 자리에서 반드시 일어나서 공손히 인사
- 이 전에 내방한 적이 있는 손님일 경우, 비서 쪽에서 먼저 이름과 직책을 불러 드리며 반갑게 인사
- 방문객의 무거운 짐이나 가방, 코트, 우산 등은 받아서 보관
- 약속이 되어 있는 손님의 도착은 일반적으로 구두로 알림
- 이 때, 상사가 집무실에서 회의 중이거나 다른 손님과 면담을 하고 있다면 조용히 들어가서 메모로 알림
- 약속시간에 맞추어 온 손님이 부득이하게 기다리실 경우 이유를 잘 설명하고 음료와 볼거리(신문, 잡지, 회사 브로셔 등)를 제공

팀과제

🌱 **02** 한번 방문하신 손님의 인상착의와 성함 등을 잘 기억할 수 있는 방법들에 대해 조원들과 토론해서 발표해 보자.

03 김현준 상무는 현재(2시 35분) P사의 김경화 부사장과 미팅 중이다. 3시경 오시기로 한 H사의 최우석 전무께서 일찍 도착했다고 하시며 사무실로 들어오셨다. 이때 임진영씨가 김현준 상무에게 최우석 전무께서 오셨음을 어떻게 알려야 좋을지 생각해 보고, 문구도 같이 생각해 보자.

04

1) 최우석 전무를 소회의실로 모시라는 김현준 상무의 지시가 있었다. 임진영비서가 지시가 있은 후 해야 하는 행동에 대해 생각해 보자.

2) 2시 50분경 김현준 상무의 절친한 친구분이신 양재영 이사께서 "김상무 사무실에 있죠? 오늘 오후 내내 있는다고 하던데…"하시며 사무실로 들어오셨다. (아직 최우석 전무는 소회의실에서 미팅 대기 중) 이럴 때 비서가 취해야 하는 행동에 대해 생각해 보자. (비서와 양재영 이사는 서로 안면이 있는 사이이다.)

02

약속이 되어 있지 않은 손님의 응대

MISSION 약속이 되어 있지 않은 손님의 응대에 대해 알아보자

평상시에 비서는 약속이 되어 있지 않아도 흔쾌히 만나는 분들의 리스트와 만나기를 꺼려하는 분들의 리스트를 작성하고 관리 하고 있어야 한다!

- 약속이 되어 있지 않은 손님도 반갑게 응대
- 면담의 가능성에 대해 확신을 주지 말 것
- 재실 여부 함부로 알리지 말 것
- 가능한 상사의 집무실에서 멀리 떨어진 곳에 손님을 모심
 (상사께서 아무런 준비 없이 갑자기 집무실에서 나올 경우 대비)
- 공손히 성함과 소속 그리고 용건 확인(예의 바른 자세 유지)
- 상사에게 면담 의향을 여쭌 뒤 지시에 따라 대응
- 손님이 끝까지 본인의 정보를 밝히지 않으려고 해도 침착함을 잃지 말고 입장을 설명한 후 정보를 받도록 함(감정적으로 대처하지 말고 이성적으로 대처할 것)

팀과제

05 한참 바쁘게 일하고 있는 임진영 비서는 입구 쪽에 처음 보는 손님이 서성거리고 있는 것을 보았다. 무슨 일로 오셨는지 여쭤어 보니 김현준 상무를 만나러 왔다고 하며 구로동에서 온 최사장 이라고 하면 알거라고 했다. 옷차림도 신사답지 못하고 왠지 말투도 좀 기분이 나쁜 말투였다. 김현준 상무는 지금 집무실에서 혼자 계신 상황이다. 이 경우, 임진영 비서의 바람직한 행동에 대해 팀원들과 토의하여 발표해 보자.

06 사무실에 약속도 없이 사회복지협회 관계자 분들이 내방하였다. 김현준 상무께서는 평소 봉사 활동도 많이 하시고 복지에도 관심이 많으신 분이기에 임진영 비서는 지금 상무님께서 마침 자리에 계시다며 상무님을 만나게 해 드렸다. 손님들이 돌아가고 난 뒤, 김현준 상무는 임진영씨를 부르더니, "임비서, 후원에 관련한 거라면 나한테 물어보고 내방객을 들였어야지. 어쨌든 100만원 후원하기로 했으니 그 분들과 통화해서 보내도록 하고 다음부터는 주의해 주세요." 라고 말씀하셨다. 임진영 비서는 크게 혼이 난건 아니었지만 자신이 일 처리를 제대로 못한 것 같아서 마음이 계속 불편하였다. 임진영 비서의 문제점은 무엇이었고, 그리고 다음부터 이러한 경우에는 어떻게 하면 현명한 처신이 될 수 있을지 생각해 보자.

07

1) 약속 없이 내방하신 손님에게 김현준 상무는 지금 중요한 회의 중이라고 한 뒤, 방문객의 정보를 받아 김현준 상무에게 보고 하니 그냥 돌려보내라고 지시하였다. 이럴 경우 손님에게 어떻게 말을 전해야 할지 문구를 생각해 보자.

2) 위 1)번의 상황에서 김현준 상무가 흔쾌히 만나겠다고 하면 기다리고 있는 방문객에게 돌아가서 뭐라고 해야 할지 문구를 생각해 보자.

03

상사와 개인적 으로 약속한 손님의 응대

MISSION 상사와 개인적으로 약속하고 온 손님의 응대에 대해 알아보자

상사가 개인적으로 약속을 잡아놓고 비서에게 미처 알려주지 못하는 상황도 종종 발생하게 된다. 이를 방지하기 위해 상사의 일정을 수시로 체크하며 놓치는 일정이 없는지 확인 또 확인해야 한다.

- 손님을 반갑게 응대 한 후 상사에게 약속 여부를 확인
- 상사의 지시에 따라 안내

 Tip!

다음 중 상석은 어느 자리일까요?

1. 문에서 먼 쪽 VS 가까운 쪽

2. 상사의 자리가 정해져 있는 경우(상사의 오른쪽 VS 상사의 왼쪽)

3. 전망이 좋은 사무실의 경우(전망이 보이는 쪽 VS 전망을 등지고 있는 쪽)

4. 상사께서 직접 운전 하시는 경우(상사의 옆자리 VS 상사의 대각선 자리)

5. 기사가 운전하는 경우(기사의 옆자리 VS 기사의 대각선 자리)

6. 열차를 탔을 경우(열차의 진행 방향 VS 열차의 역방향)

정답: 문에서 먼 쪽 | 상사의 오른쪽 | 전망이 보이는 쪽 | 상사의 옆자리 |

기사의 대각선 자리 | 열차의 진행방향

04
손님의 배웅

손님 배웅 시 유의할 점에 대해 알아보자

> 손님을 전송할 시 주의할 점들은 무엇이 있을까?

- 손님이 면담을 마치고 나오면 반드시 자리에서 일어남
- 손님의 물품을 보관하고 있다면 빠뜨림없이 돌려 드림
- 주차권 등의 확인 / 손님의 기사에게도 나가실 때 알려드림
- 손님께서 비서에게 명함을 주시면 공손이 받고 파일링과 DB로 정리
- 회사의 브로셔 또는 기념품 등을 드려야 할 경우에 미리 준비
- 경우에 따라 엘리베이터까지 손님을 배웅하거나 주차장까지 배웅하는 경우도 있음
- 손님이 가신 후 면담일지 작성
- 처음 방문하신 손님의 경우, DB에 거래선 정보 입력하고 참고사항 기재 (차의 취향 및 인상착의 등)

손님 응대 영어 표현법 익히기!

응대를 제의할 때(Offers)

- Can I take your coat?
- Would you like something to drink?
- How would you like it?(커피 달라고 하는 경우 어떻게 타 드릴까요?)
- Would you like to have a seat over there?
- Is there anything I can do for you?

응낙(Accepting)

- Yes, please
- Yes, that's very kind of you.
- Yes, that's would be very nice.

거절(Declining)

- No thanks / No, Thank you.
- Thank you, but it's not necessary.
- Thank you, but no.

배수아 실장의
현장이야기 ⑧

Question

실장님, 약속 없이 오시는 손님들 응대가 어려워요.

Answer

맞아요. 게다가 처음 뵙는 손님의 경우, 만나게 해 드려야 할지 말아야 할지 판단이 잘 서지 않죠. 일단 명심해야 할 것은, '손님의 면담을 결정하는 사람은 상사이지 비서가 아니다'입니다.

일단 상사가 지금 면담이 가능하다는 확신을 손님에게 절대로 주어서는 안됩니다. 그리고 가능한 상사의 집무실에서 먼 회의실로 안내를 하시구요. 그리고 일단 어디에서 오신 어느 분인지 무슨 일 때문에 오셨는지 정보를 얻고 상사에게 물어보세요.

직접 만나시겠다고 하는 경우는 지시에 따르시면 되고요. 돌려 보내라고 하시는 경우에는 사정을 잘 말씀드리고 다음에는 약속하고 내방해 주시길 부탁드립니다. 이 경우 손님께서 자칫 무안해 질 수도 있으니 비서가 조금 더 신경 써서 응대를 해 드려야 합니다.

저희 사장님 같은 경우에는 직접 만나시지 못하시면 손님의 용건에 따라서 총무부장이나 인사 부장 등 부장급 또는 과장급 관리자가 대신 만나게 하는 경우도 대부분이었습니다. 특히 후원이나 기부와 관계된 손님의 경우 사장님께서 직접 만나시기 보다는 비서가 알아서 총무부장과 연결해 드리는 경우도 많이 있었구요.

지금은 힘들겠지만, 경력이 쌓이다 보면 약속 없이 오신 손님들도 두렵지 않습니다. 그런 날이 꼭 올 거에요. ^^

오늘 배운 내용 정리

✏️ 손님 응대에 대한 상사의 기호를 파악할 때 어떤 점들에 중점을 두어야
하나?

✏️ 손님의 세가지 유형은?

✏️ 약속 없이 오신 손님을 응대할 때 어떻게 해야 하는지 step – by – step
으로 적어보자.

비서 실무 멘토링

상사 일정관리
업무

JY's 업무일지

○○○○년 ○○월 ○○일

시 간		업무내용	비 고	확인
오전	09 : 30	상무님께 업무보고		V
	10 : 00	총무부장님 전화연결	호텔 예약건	V
	10 : 30	Alex 팀장님 결재	신규 사업건	V
	11 : 00	상무님 사장님 보고	자료 준비	V
	12 : 00	오찬(with 사장님)	일식집 홋카이도	V
오후				
	15 : 00	중역회의	소회의실	V

오늘 해야 할 일		방문객 스케줄			비고
할 일	확인	시각	방문객명	확인	V 오늘은 장기출장 후
상무님께 업무보고	V				처음 회사에 오시는
오찬 일정 확인	V				날이니까 상무님
사장님 보고자료 작성	V				컨디션 조절하시게
					도와드리자!
					V 무리한 일정 금지!!!

 오늘의 미션

✓ 일정관리의 중요성 알기

✓ 일정 잡을 때 유의할 점 알기

✓ 효과적인 약속의 요령 파악하기

JY's 다이어리

○○○○년 ○○월 ○○일

 ★ 제 목 ●● 일정관리 업무

오늘은 상무님께서 긴 해외출장을 마치고 돌아오시는 날이다!

안 계시는 동안에는 더욱더 성실한 모습을 보여 드리고 싶어서 신문 스크랩, 거래선 리스트 재점검, 매일 매일 업무 일지 작성 등 그 동안에 너무 바빠서 부족했던 일들을 모두 해 놓았다.

상무님께서 안 계시는 동안에도 면담요청이 많이 들어왔다! 일단 잠정적으로 면담을 잡아놓고 모든 결정은 상무님께서 오시면 직접 여쭤보고 연락드린다고 말씀드려 놓았다. 그리고 학교에서 배운 대로, 오랜 장기 출장 뒤의 첫 출근 오전은 가능한 스케줄을 비워 두었다.

드디어 상무님께서 오시고 모든 업무 보고를 드리고, 잠정적으로 잡아 놓은 일정에 대해 컨펌을 받았다. 그리고 그에 해당하는 모든 관계자 분들에게 연락을 돌리고 일정을 확정시켜 업무용 다이어리에 꼼꼼히 기록하였다~

어느 새 입사한 지 꽤 시간이 지났다~ 이제 배수아 실장님과도 꽤 많이 친해졌고 혼나는 횟수도 전보다 줄어들었다~ 아직 배실장님처럼 되려면 한창 멀었지만 그래도 자신감이 생긴다! 아자 아자! 더 완벽한 비서가 되기위해 오늘도 나는 다이어리를 피며 꼼꼼히 일정관리를 시작한다!!!

POINT ❗

- 일정관리의 중요성 알기
- 상사 일정 잡을 때 유의할 점 알기
- 효과적인 약속의 요령 파악하기에 대해 학습하도록 한다!

상사 일정관리 업무

상사의 스케줄 관리와 약속처리 업무에 대해 학습한다.

상사의
스케줄 관리,
왜 중요할까?

✔ 스케줄 관리의 중요성

상사의 스케줄은 기업 활동의 동향과 같기에 일정의 작성 및 진행은 치밀하게 이루어져야 하며 사내/외로 노출되지 않게 각별히 주의한다!

01

상사의
일정관리

MISSION

상사의 일정관리에 대해 알아보자

상사의 스케줄 작성의 최종 결정은 상사 자신의 판단에 의해지며, 비서는 관련된 사무 처리를 빈틈없이 하여 착오가 발생되지 않도록 한다.

상사의 일정은
누가 결정
하지?

· 일정이 결정되면 상사의 일정표와 비서의 일정표 모두에 기입
· 상사의 일정을 수시로 확인
· 계획된 일정의 사전 재확인
· 일정이 변경되었을 시에는 모든 관계자들에게 신속히 연락

 Tip!

일정표 양식은 어떤 것들이 있을까요?
연간 일정표 〉 월간 일정표 〉 주간 일정표 〉 일일 일정표 〉
휴대용 일정표
비서는 1년용 업무(일지)노트가 필요하며 그곳에 모든 일정을
기입하여야 한다!

02

약속처리
(Appointment
Arrange)

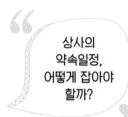

상사의
약속일정,
어떻게 잡아야
할까?

MISSION 상사의 일정을 잡을 때 유의할 점에 대해 알아보자

Appointment란 면담을 희망하는 사람이 상대에게 연락하여 승인을 얻어 시간, 장소 등을 정하여 스케줄에 넣는 것. 비서는 약속일정을 전화, 서신(이메일 포함), 구두로 잡게 되며, 면회 약속의 결정은 반드시 상사가 하게 된다. 다음은 상사의 일정을 잡을 때 유의할 점들이다.

월요일 오전, 토요일 오후, 출장 전/후, 바로 당일의 약속은 되도록 피함

점심 직후(2시 이전)의 약속은 피함

회의 직후, 늦은 오후의 약속은 피함

상사의 가족들과 관련된 기념일에의 약속은 되도록 피함
(가족분의 생신, 자녀의 생일, 결혼기념일 등)

07 : 00 조찬모임(프라자 H)
09 : 30 임원회의
11 : 30 대한모직 김서진 P 오찬
         (롯데 H 팔선)
15 : 00 회의(마케팅)
16 : 00 전재용 P 내방
         (프로젝트K 자료 준비)

Sun	Mon	Tue	Wed	Thu	Fri	Sat
		1	2	3	4	5
6	7	8	9	10	11	12
13	14	15	16	17	18	19
20	21	22	23	24	25	26
27	28	29	30	31		

01 김현준 상무는 지금 해외 출장 중이다. 10박 11일의 일정을 마친 후 귀국 예정일은 이번주 목요일 21일이다. 상무님 부재 중에 바빠질 연말을 대비하여 연하장을 보낼 거래선의 주소록을 점검하고 있던 임진영 비서는 한 통의 전화를 받았다. 임진영 비서와도 안면이 있는 현대인터내셔널의 장태수 부장이었다. 장부장은 상무님을 하루 속히 만나야 할 일이 있다며 가능하면 이번주 금요일 오전으로 시간을 빼 달라고 계속 통사정을 하였다. 여러분이 임진영 비서라고 생각하고 어떻게 대처할 것인지 그렇게 생각한 이유와 함께 답안을 작성해 보자.

팀과제

02 요즘은 스마트 폰을 이용하여 일정을 관리하는 비서가 많다. 스마트 폰을 이용하여 효과적으로 일정관리를 할 수 있는 방법에는 어떤 것들이 있을지 팀원들과 함께 조사 하여 발표 하도록 하자.

03 팀별로 그랜드 인터내셔널의 일일 일정표와 휴대용 일정표 양식을 만들어 본 후 다른 팀들의 결과물과 비교해 보도록 하자.

✔ **Check!**

상사의 책상 위 일정관리를 위해 꼭 필요한 달력과 노트

업무일지

그날의 일정을
확인할 수 있는 일일
달력

한달 동안의 일정을
확인할 수 있는 월달력
(Desk Calendar)

03

효과적인 약속의 요령

약속할 때의
효과적인
요령알기!

MISSION

효과적인 약속의 요령에 대해 알아보자

- 사전에 상사의 취향(만나기 꺼리는 사람 등)을 파악
- 면담 요청 시 상담의 목적을 파악
- 상사의 부재 중에 일정을 잡을 때는 바뀔 수도 있다는 것을 알림
- 연속하여 너무 많은 약속은 금물(쿠션 타임 고려)
- 면담 시간을 정할 때에는 우리 쪽 가능 시간 2~3가지를 제시하는 것이 빠름
- 점심이 포함된 약속이나, 오래 전에 한 약속은 반드시 다시 확인
- 추후 취소, 변경을 위해 통화자의 이름과 전화번호 체크
- 약속을 변경하고자 할 때는 되도록 빨리 알리고 대안을 제시하여 reschedule
- 외국에서 오는 손님과 임시 스케줄을 잡았다면, 일정표에 적어놓고 날짜가 다가오면 재확인
- 상대의 회사나 이름이 생소하면 조사 한 후, 상사에게 내용 보고 후, 지시에 따라 수락 또는 거절

 Tip!

효과적인 약속 remind 방법

약속이 정해지면,

1. 월간 스케줄에 반영
2. 해당 주간 스케줄에 반영하여 remind
3. 약속일 하루 전, 퇴근 전에 익일 스케줄 보고 시 remind
4. 약속일 당일 상사 출근 시 익일 스케줄과 함께 최종 remind

04　김현준 상무는 오늘 오후 3시 30분 한국컨설팅 김혜령 이사와 미팅을 갖기로 하였다. 그런데 오후 2시 50분경 갑작스러운 사장님의 호출로 급하게 외부로 나가시게 되었다. 김혜령 이사와의 미팅은 불가능 하게 되었고 김현준 상무는 굉장히 급한 일이라고 하면서 김이사한테 연락해서 오늘 미팅을 다음 주 수요일이나 목요일 같은 시간대로 미룰 수 있냐고 정말 미안하다고 전해 달라고 하시며 나가셨다.

임진영 비서가 김혜령 이사 사무실로 급하게 전화를 걸자, 김이사님 비서는 '이사님께서는 점심 식사를 하신 후 사무실에 오시지 않으셨고 바로 김현준 상무님 사무실로 가시는 중 일 것'이라고 말했다. 설상가상으로 김이사의 핸드폰은 꺼져 있는 상태이다. 이럴 경우 임진영비서가 어떻게 해야 할지 팀원들과 토의해 보도록 하자.

배수아 실장의
현장이야기 ⑨

Question

실장님, 일정표에 스케줄을 기록할 때,
잠정적인 스케줄과 확정된 스케줄 구분하는 방법이 있을까요?

Answer

이건 그냥 제가 하는 방법인데 괜찮은 것 같아서 알려드려요. 아마 저 말고도 많은 비서 분들이 이 방법을 사용하실 거 같아요.

저 같은 경우는 일단 잠정적인 약속은 일정표에 연필로 기재를 해 두어요. 그리고 상사께 여쭈어 보고 확정이 되고 나면 그 다음에 볼펜으로 기재를 한답니다.

이제는 사장님께서도 제가 쓰는 방법을 잘 알아보시고 좋아하신답니다.

Question

실장님, 저희 상사는 탁상 달력이 지저분해 지는 것을 싫어하셔서
자세한 기입을 못하겠어요. 좋은 방법 없을까요?

Answer

캘린더가 지저분해 지는 것을 싫어 하시면 포스트잇을 작게 조각내거나 작은 포스트 잇을 사용해 보세요. 다음 그림을 참고 하세요. ^^

✓ 09 : 00 오전 회의

✓ 16 : 00 정태수P 내방

일정을 마치고 나면
떼어서 버릴 수 있도록
Post it을 이용하는
것도 하나의 좋은 팁이
됩니다.

오늘 배운 내용 정리

✎ 상사의 일정을 잡을 때 유의할 점들을 생각해 보자.

✎ 상사 부재중에 면담 약속을 받을 경우 어떻게 해야 하는가?

✎ 약속할 때의 효과적인 요령에 대해 적어 보자.

비서 실무 멘토링

Chapter
10
업무 양식 모음과
유용한 표현들

01

///////////////////////////////

비즈니스
약어 1

✍ 사무실에서 일반적으로 사용하는 약어들의 모음

약 어	본래의 뜻
ANS	answer
ARR	arrive/arrival
ASAP	as soon as possible
ATTN	for the attention of
CFM	confirm
DEP	depart/departure
ETA	estimated time of arrival
ETD	estimated time of departure
INFO	information
NO	number
PLS	please
RE	about/referring to
RETEL	about telex
RGDS	regards
RPT	repeat
TEL	telephone
TELCON	telephone conversation
TKS	thanks

02

비즈니스
약어 2

✍ 서류(letters, Fax, memos, notes and reports)에서 사용하는 약어들의 모음

약 어	본래의 뜻	약 어	본래의 뜻
approx	approximate/about	incl.	including
asst	assistant	intl.	international
avg.	average	max.	maximum
bkg	banking	mfg	manufacturing
bldg	building	mfr	manufacturer
ca. or c.	circa/about	mgr	manager
c.c.	carbon copy	min	minimum
cf.	compare with, compare	misc	miscellaneous
cont.	continued	mtg	meeting
contd	continued	N.B.	take special note of
dbl	double	p.a.	per year
e.g.	for example	p.c.	per cent
encl.	enclosed	pp.	pages
esp.	especially	P.S.	postscript
est.	established	recd	received
et al.	and others	R.S.V.P.	please reply
etc.	et cetera/and so on	sec.	secretary
excl.	excluding	sgl.	single
ext.	extension	std	standard
G.M.	General Manager	viz.	namely/that is
H.Q.	Head Quarters	yr	year
i.e.	in other words/that is to say	yrs	yours

03

////////////////////////////

업무일지 양식

✎ JY's 업무일지

○○○○년 ○○월 ○○일

	시 간	업무내용	비 고	확인
오전				
오후				

오늘 해야 할 일		방문객 스케줄			비고
할 일	확인	시각	방문객명	확인	

04

/////////////////////////////

전화/방문
메모지양식

전화 ☑ 방문 □ 하였습니다.

_____ 께

_____의 _____ 님으로부터

일시: ○○○○년 ○○월 ○○일

am/pm:

□ 전화요망(Tel:)

□ 안부전화 / 방문

□ 다시 전화 / 방문 하겠음(일시:)

□ 급한 용건

□ 만나 뵙길 원하심

MEMO ● ●

참석□   불참□

그랜드인터내셔널주식회사   작성자: 임진영

05

휴대용 일정표

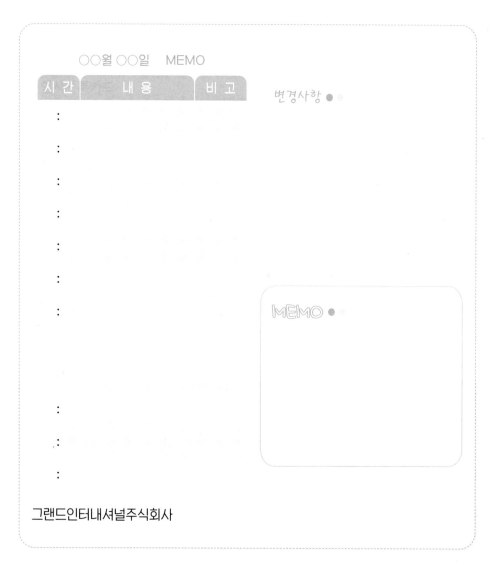

○○월 ○○일   MEMO

시 간	내 용	비 고
:		
:		
:		
:		
:		
:		
:		
:		
:		
:		

변경사항 ●

MEMO ●

그랜드인터내셔널주식회사

06

상사 신상 카드

상사 신상 카드

성   명 : 한글   한자   영문

주   소 :   (TEL   )

본   적 :   (본관   )

주민등록번호 :

생 년 월 일 :   (음력/양력)

사 원 번 호 :

여 권 번 호 :   (유효일   )

자 동 차 : 종류   NO.   Car Phone No.

취   미 :

가 족 사 항 :

은 행 구 좌 :

카 드 넘 버 : 법인/개인구별

학   력 : _____고교(○○회), _____대학(졸업년도), _____대학원

경   력 :

수 상 경 력 :

금 기 음 식 :

기   타 :

작성날짜 ○○○○년 ○○월 ○○일

작 성 자   임 진 영

그랜드인터내셔널주식회사

07
일일 일정표

김현준 상무님 일일 일정표

Date :   .   .   ~   .   .

그랜드인터내셔널 서울시 강남구 청담동 100
Tel : 02) 870-2352
Fax : 02) 870-2521

⚙ **오전 일정**

06:00~07:00
07:00~08:00
08:00~09:00
09:00~10:00
10:00~11:00
11:00~12:00

⚙ **오후 일정**

12:00~01:00
01:00~02:00
02:00~03:00
03:00~04:00
04:00~05:00
05:00~06:00
06:00~07:00
07:00~08:00
08:00~09:00
09:00~10:00
10:00~11:00
11:00~12:00

작성자: 임진영(ext: 2352)

그랜드인터내셔널주식회사

08

주간 일정표

김현준 상무님 주간 일정표

회사의 주요일정

Date :   .   .   ~   .   .

서울시 강남구 청담동 100
Tel : 02) 870-2352
Fax : 02) 870-2521

요 일 / 시 간	11.25 (月)	11.26 (火)	11.27 (水)	11.28 (木)	11.29 (金)	11.30 (土)	12.1 (日)
am 06:00~07:00							
07:00~08:00							
08:00~09:00							
09:00~10:00							
10:00~11:00							
11:00~12:00							
pm 12:00~01:00							
01:00~02:00							
02:00~03:00							
03:00~04:00							
04:00~05:00							
05:00~06:00							
06:00~07:00							
07:00~08:00							
08:00~09:00							
09:00~10:00							
10:00~11:00							
11:00~12:00							

작성자: 임진영(ext: 2352)

그랜드인터내셔널주식회사

09

상사 집무실
환경 점검표

점검일:　　년　　월　　일

점검자:

번호	점검내용	예	아니오	비고
1	채광의 정도가 적당한가?			
2	전등의 밝기가 지나치게 밝거나 어둡지 않은가?			
3	에어컨·히터의 온도가 적당한가?			
4	환기가 제대로 이루어지고 있는가?			
5	인터넷의 속도는 적당한가?			
6	무선 인터넷의 연결은 끊어짐이 없는가?			
7	상사의 손이 닿는 거리에 필기도구가 위치하는가?			
8	신문 및 잡지는 상사가 원하는 순으로 정리되어 있는가?			
9	책상과 의자가 가지런히 정리되어 있는가?			
10	결재 서류와 미결재 서류가 분류되어 있는가?			
11	상사가 집무실을 비운 경우 기밀서류가 책상위에 나와 있지 않은가?			
12	컴퓨터, 프린터, 팩스 등의 사무기기가 제대로 작동하고 있는가?			
13	프린터와 팩스에는 용지가 채워져 있는가?			
14	휴지통이 비워져 있는가?			
15	탁상, 벽 등의 달력이 바른 날짜에 펴져 있는가?			
16	시계가 정확한 시각을 가리키고 있는가?			
17	전화기가 제자리에 있는가?			
18	전화기 코드의 꼬임은 없는가?			
19	서류함과 금고 등은 잠금과 열림이 제대로 이루어지고 있는가?			
20	상사가 집무실을 비운 경우 서류함과 금고 등은 잠겨 있는가?			
21	화분에 식물이 시들지는 않았는가?			
22	바닥 청소는 잘 되어 있는가?			
23	액자가 비뚤어지지 않았는가?			
24	TV, 라디오 등의 시청각 기기가 켜져 있을 경우 볼륨은 적당한가?			

10

회의실 환경
점검표

점검일:　년　월　일

점검자:

번호	점검내용	예	아니오	비고
	1	채광의 정도가 적당한가?			
	2	전등의 밝기가 지나치게 밝거나 어둡지 않은가?			
	3	에어컨·히터의 온도가 적당한가?			
	4	환기가 제대로 이루어지고 있는가?			
	5	테이블과 의자들은 가지런히 정리되어 있는가?			
회의전	6	바닥 청소는 잘 되어 있는가?			
	7	벽의 시계 및 달력이 정확한 시각 및 날짜를 가리키고 있는가?			
	8	회의 자료와 필기도구가 테이블 위에 잘 놓여 있는가?			
	9	생수나 음료는 다양한 종류로 충분히 준비되어 있는가?			
	10	회의 관련 기기(컴퓨터, 슬라이드, 프로젝터, 스피커, 마이크 등)는 정상적으로 잘 작동되는가?			
	11	발표 자료파일은 바로 사용할 수 있도록 바탕화면이나 USB등에 준비해 두었는가?			
회의후	12	회의 테이블 위에 남아있는 자료는 없는가?			
	13	회의 테이블 위에 음료컵 및 생수병 등은 모두 깨끗하게 정리 하였는가?			
	14	회의 관련 기기(컴퓨터, 슬라이드, 프로젝터, 스피커, 마이크 등)는 모두 전원을 off하였는가?			
	15	발표를 위해 발표자료를 컴퓨터 바탕화면에 깔아 둔 경우라면 파일은 지우고 휴지통까지 모두 비웠는가?			
	16	발표자가 USB를 컴퓨터에 꽂아 둔 채로 퇴실하지는 않았는가?			
	17	회의 진행 중간에 옮겨진 기자재나 설비가 있다면 모두 원위치 시켰는가?			
	18	회의 중 사용된 메모지는 바로 버리지 말고 일정 기간 가지고 있게 모두 가지고 나왔는가?			
	19	소등한 뒤 회의실 문을 잘 닫아두었는가?			

11

응접실 환경 점검표

점검일: 년   월   일
점검자:

번호	점검내용	예	아니오	비고
1	채광의 정도가 적당한가?			
2	전등의 밝기가 지나치게 밝거나 어둡지 않은가?			
3	에어컨·히터의 온도가 적당한가?			
4	환기가 제대로 이루어지고 있는가?			
5	테이블과 의자들은 가지런히 정리되어 있는가?			
6	책상위에는 메모지와 필기도구가 준비되어 있는가?			
7	바닥 청소는 잘 되어 있는가?			
8	신문과 잡지는 최신 것으로 구비되어 있는가?			
9	선반이나 장식물에 먼지가 쌓여 있지 않은가?			
10	벽의 시계 및 달력이 정확한 시각 및 날짜를 가리키고 있는가?			

12

비서실 환경 점검표

점검일: 년   월   일

점검자:

번호	점검내용	예	아니오	비고
1	채광의 정도가 적당한가?			
2	전등의 밝기가 지나치게 밝거나 어둡지 않은가?			
3	에어컨·히터의 온도가 적당한가?			
4	환기가 제대로 이루어지고 있는가?			
5	인터넷의 속도는 적당한가?			
6	무선 인터넷의 연결은 끊어짐이 없는가?			
7	책상 위는 가지런히 정리되어 있는가?(전화기 및 필기도구 포함)			
8	비서실을 비우게 되는 경우 기밀서류가 책상위에 나와 있지 않은가?			
9	컴퓨터, 프린터, 팩스 등의 사무기기가 제대로 작동하고 있는가?			
10	프린터와 팩스에는 용지가 채워져 있는가?			
11	서류함은 잠금과 열림이 제대로 이루어지고 있는가?			
12	비서실을 비우게 되는 경우 서류함은 잠겨 있는가?			
13	화분에 식물이 시들지는 않았는가?			
14	바닥 청소는 잘 되어 있는가?			

13

탕비실 환경 점검표

점검일:　　　년　　월　　일

점검자:

번호	점검내용	예	아니오	비고
1	채광의 정도가 적당한가?			
2	전등의 밝기가 지나치게 밝거나 어둡지 않은가?			
3	에어컨·히터의 온도가 적당한가?			
4	환기가 제대로 이루어지고 있는가?			
5	테이블과 의자들은 가지런히 정리되어 있는가?			
6	책상위에는 메모지와 필기도구가 준비되어 있는가?			
7	바닥 청소는 잘 되어 있는가?			
8	신문과 잡지는 최신 것으로 구비되어 있는가?			
9	선반이나 장식물에 먼지가 쌓여 있지 않은가?			
10	벽의 시계 및 달력이 정확한 시각 및 날짜를 가리키고 있는가?			

14

사무 비품 관리표

점검일: 년   월   일

점검자:

비품(소모품)명	잔여 수량	최근 구매일	추가 수량	구매처	비고
프린터 용지					
프린터 잉크(집무실)					
프린터 잉크(비서실)					
연필					
지우개					
볼펜(흑)					
볼펜(청)					
볼펜(적)					
수정 테이프					
형광펜					
만년필 잉크					
인주					
스탬프					
클립					
스테이플러					
스테이플러 심					
메모지					
포스트 잇					
스카치 테이프					
건전지(AA)					
건전지(AAA)					
집게					
날클립					
날클립 심					

비품(소모품)명	잔여 수량	최근 구매일	추가 수량	구매처	비고
자(15cm)					
자(30cm)					
네임펜					
사무용 칼					
각티슈					
물티슈					
휴대폰 보조배터리					

✎ 비품 점검 사항

번호	점검내용	예	아니오	비고
1	프린터의 작동이 제대로 이루어지고 있는가?			
2	복사기, 팩스의 작동이 제대로 이루어지고 있는가?			
3	프린터, 복사기, 팩스 등에 용지가 충분히 채워져 있는가?			
4	(인터넷 전화의 경우) 연결이 끊어지지 않고 정상적으로 작동되고 있는가?			
5	교체가 필요한 비품이 있는가?			
6	명함첩 정리가 잘 되어 있는가?			
7	연필은 뾰족한 상태로 잘 깎여 있는가?			
8	인주의 겉 표면은 깔끔한 상태로 유지되고 있는가?			
9	일부인(날짜 스탬프)의 날짜가 오늘 날짜로 바뀌어 있는가?			
10	만년필의 잉크는 충분히 채워져 있는가?			
11	건전지가 필요한 기기(무선 마우스, 시계 등)는 건전지 교체가 필요하지 않은가?			
12	휴대폰 보조 배터리는 완충된 상태로 준비되어 있는가?			

15

간행물 관리표

점검일:　　년　　월　　일

점검자:

간행 주기	간행 물명	구독 번호	담당자	연락처	구독 기간	금액	비고
일간	00신문	1234-56	정철수	321-9876	2017. 1.1. ~2017.12.31	120,000원 /년	
	00경제 신문	3457-786	김장미	456-9876	2017. 5.1. ~2018. 4.31	100,000원 /년	만기시 해제
	00전자 신문	A123-56	이민아	321-2563	2016. 1.1. ~2017.12.31	240,000원 /년	
주간	00저널	1234-56	이진수	321-9876	2017. 1.1. ~2017.12.31	150,000원 /년	수요일 배달
	Economy	3457-786	김영심	456-9876	2017. 5.1. ~2018. 4.31	200,000원 /년	목요일 배달
	Newsweek	A123-56	오은아	321-2563	2016. 1.1. ~2017.12.31	140,000원 /년	금요일 배달
월간	AA저널	1234-56	이진수	321-9876	2017. 4.1. ~2018.3.31	300,000원 /년	수요일 배달
	월간경제	3457-786	김영심	456-9876	2017. 5.1. ~2018. 4.31	200,000원 /년	목요일 배달
	세계전자	A123-56	오은아	321-2563	2016. 1.1. ~2017.12.31	140,000원 /년	금요일 배달
계간	Office Pro	1234-56	김다래	321-9876	2017. 4.1. ~2018.3.31	300,000원 /년	3/6/9/12월 배달
		3457-786	차준석	456-9876	2017. 5.1. ~2018. 4.31	200,000원 /년	1/4/7/10월 배달
연간							

16

간행물 수신
확인표

점검자:

간행 주기	간행 물명	1월																							
		1	2	3	4	5	6	7	8	9	10	11	12	13	14	15	16	17	18	19	20	21	22	23	24
일간	○○신문																								
	○○경제 신문																								
	○○전자 신문																								
주간	○○저널																								
	Economy																								
	Newsweek																								
월간	AA저널																								
	월간경제																								
	세계전자																								
계간	Office Pro																								
연간																									

17

사내 문서
예제

문서번호 　　　　　　　　　　　　　　　○○○○년 ○○월 ○○일

김현준 상무님 귀하 　　　　　　　　　발신명의

　　　　　　　　　　　　　　　　　　자금팀 팀장 정준영

　　　→ 수신인

　　　　　　　　　　　　　　　　　→ 제목

→ 본문

　　　　　　　　　　　　　　　　　　　　이상

　　　　　　이 사안의 실제 담당자

　　　　　　　　　　　　　　　　　　자금팀 대리 이현우

그랜드 인터내셔널 주식회사

(135-101) 서울시 강남구 청담동 100 그랜드 인터내셔널 빌딩
Tel : 02) 870-2352 / Fax : 02) 870-2521 / www.gi.co.kr

그랜드 인터내셔널 대표이사

그랜드 인터내셔널 주식회사

(135-101) 서울시 강남구 청담동 100 그랜드 인터내셔널 빌딩
Tel : 02) 870-2352 / Fax : 02) 870-2521 / www.gi.co.kr

문서번호   ○○○○년 ○○월 ○○일
한성인터내셔널 주식회사
김상우 사장님 귀하

→ 수신인   그랜드 인터내셔널 주식회사
                          마케팅팀 상무 김현준

                          발신명의

→ 제목

→ 본문

이 사안의 실제 담당자   이상
                          마케팅팀 비서 임진영

19
/////////////////////////////
Fax Cover

그랜드 인터내셔널 주식회사

FAX COVER

수 신: Telephone: FAX NO.:	커버포함 매
참 조:	
발 신: Telephone: FAX NO.:	전송날짜:
담 당 자:	
제 목:	

MEMO

☐긴급   ☐검토요망   ☐설명요망   ☐답신요망   ☐재사용

RSVP: _____

(135-101) 서울시 강남구 청담동 100 그랜드 인터내셔널 빌딩
Tel : 02) 870-2352 / Fax : 02) 870-2521 / www.gi.co.kr

20

회의록

그랜드 인터내셔널 주식회사			
	회 의 록		

일 시			장 소	
참석자	○○○(서명)	○○○(서명)	○○○(서명)	
안 건				
토의사항				
토의결과				

		소 속	직 위	서명(인)
기타사항		작성자		

21

**영문 사외문서
예제**

GRAND INTERNATIONAL CORPORATION

Grand International Bldg. 100, Cheongdam-dong, Gangnam-gu, Seoul, Korea 135-101

TEL 822-870-2352 / FAX 822-870-2521 / www.gi.co.kr

22

영문 메모 서식

GRAND INTERNATIONAL CORPORATION

MEMORANDUM

FRMO:

TO:

DATE:

CC:

SUBJECT:

23

영문
Fax Cover

GRAND INTERNATIONAL CORPORATION

Grand International Bldg. 100, Cheongdam-dong, Gangnam-gu, Seoul, Korea 135-101

TEL 822-870-2352 / FAX 822-870-2521 / www.gi.co.kr

FAX COVER

To		
Telephone	PAGES	
FAX NO.		
RE		
From		
Telephone	DATE	
FAX NO.		
SUBJECT		
NOTE		

MEMO

☐ Urgent ☐ For Review ☐ Please Comment ☐ Please Reply ☐ Please Recycle

RSVP: _____

24

영문 전화메모 양식

GRAND INTERNATIONAL CORPORATION

To: _____

From: _____ Date: _____

Phone: _____

☐ Telephoned   ☑ Will call again

☐ Returned your call   ☐ Came to see you

☐ Please call   ☐ Want to see you

☐ Left the message like below

Message

_____

_____

_____

_____

_____

_____

_____

Taken by: _____

Time: _____

25

//////////////////////////////

비서 영어
(전화 응대)

▶ 첫 인사 나누기

· Good morning, Mr. Alex Kim's office. May I help you?

✓ Check!

May I help you?

· How can I help you?
· Is there anything I can do for you?

나의 소속을 밝히는 방법입니다.

비서실 Kaylee kim입니다.

· Good morning. You've reached the secretarial departmemt.
  Kaylee Kim speaking.
· Good morning. Secretarial departmemt. Kaylee Kim speaking.

▶ ~와 통화하고 싶습니다.

· I'd like to speak to Mr. Kim.

✓ Check!

I'd like to speak to Mr. Kim.

· Can I speak to Mr. Kim, please?
· May I speak to Mr. Kim?
· Is Mr. Kim available?
· Is Mr. Kim in?

· 마케팅부서로 연결되나요?
  Could I have the Marketing Departmemt.

▶ 누구신지요?

· (Can I ask) who's calling please?
· Can I have your name, Sir?

▶ 저는 삼성의 그레이스 리입니다.

· This is Grace Lee from(with, of) Samsung.

▶ 잠시만요~

· Just a moment, please.

✅ Check!

Just a moment, please.

· Just a second.
· Hold on a minute.
· Hold on a moment.
· Wait a second.
· One moment, please.

▶ 연결해 드리겠습니다.

· I will transfer your call.
· I will put you through to(Mr. Kim).

▶ 통화가능한지 알아보고 오겠습니다. 그 후 두 가지 대처법

· I'll see if he's available.
(연결 가능) Thank you for your waiting. Mr. Kim will be right with you.
(연결 불가) Thank you for your waiting.
I am sorry but he is in a meeting at the moment.

▶ 무슨 일이신지 여쭈어도 될까요?

· May I ask what you're calling for?
· What is it about, please?
· May I ask what this is about?

▶ 죄송하지만, 지금 자리에 안계십니다.

· I'm sorry, but he is not in at the moment.

▶ 상사가 통화중일 때 쓸 수 있는 표현

· His line is busy.

· He's on the phone.

· He's on another line at the moment.

▶ 메시지 남기고 받을 때 쓸 수 있는 표현

· Would you like to leave a message?

· Can I take a message?

· Does he know your number?

· Can I have your number, just in case?

· How do you spell your name?

· I'll make sure he gets the message.(꼭 전달하겠습니다.)

✅ Check!

상사 부재시에 쓸 수 있는 표현들

· He is not in at the moment.

· He's not in today.

· I'm sorry, but he's out now.

· He's off today.

· He is on a business trip.

· He's just stepped out.

· He's gone for the day.

· He's out for lunch.

· He's tied up now.(꼼짝 달싹 할 수 없을 만큼 바쁘다.)

· He's in a meeting.

· He's with his client.

▶ **전화가 잘 들리지 않을 때 쓸 수 있는 표현**

· You sound miles away.

· We have a bad connection.

· I think there's some static on the line.

· We have a crossed line.

✅ **Check!**

통화를 원하는 이가 연결이 안될 경우
(우리 쪽에서 건 경우)

· 몇 시에 돌아오실 것 같으세요?

What time do you expect him back?

· 저에게 전화하라고 전해 주실 수 있으세요?

Can you ask him to call me back?

· 이런 말씀 정말 드리고 싶지 않지만, 그래도 좀 바꾸어 주시겠어요?

I really hate to ask you, but could you please interrupt him for me?

· 정말 급한 일입니다.

I have an urgent matter to discuss with him.

· 연락할 수 있는 방법이 없을까요?

Is there any way I can contact him now?

비서실무 멘토링

저자 소개 | 정 성 휘

- 현) 인하공업전문대학 비서과 교수

비서실무 멘토링

초판 1쇄 발행 2012년 8월 25일
2판 1쇄 발행 2022년 1월 10일

저   자 정 성 휘
펴 낸 이 임 순 재
펴 낸 곳 한올출판사
등   록 제11-403호
주   소 서울시 마포구 모래내로 83(성산동, 한올빌딩 3층)
전   화 (02)376-4298(대표)
팩   스 (02)302-8073
홈 페 이 지 www.hanol.co.kr
e - 메 일 hanol@hanol.co.kr
ISBN 979-11-6647-166-7

비서실무 멘토링